この本の特色としくみ

本書は，中学３年間のすべての内容を ……ことができる，ハイレベルな問題集です。各単元には StepA（標準問題……各章には複数の単元内容をまとめた StepC（難関レベル問題）がありま……

単元の初めに重要事項がまとめられてい……ポイントを確認し，さまざまな出題形式を盛り込んだ StepB に取り組む……理解をさらに深めていくことができます。また，StepC や，巻末の「総合実力テスト」を用いて実戦力を身につけていくことで，入試対策へと繋げていくこともできます。

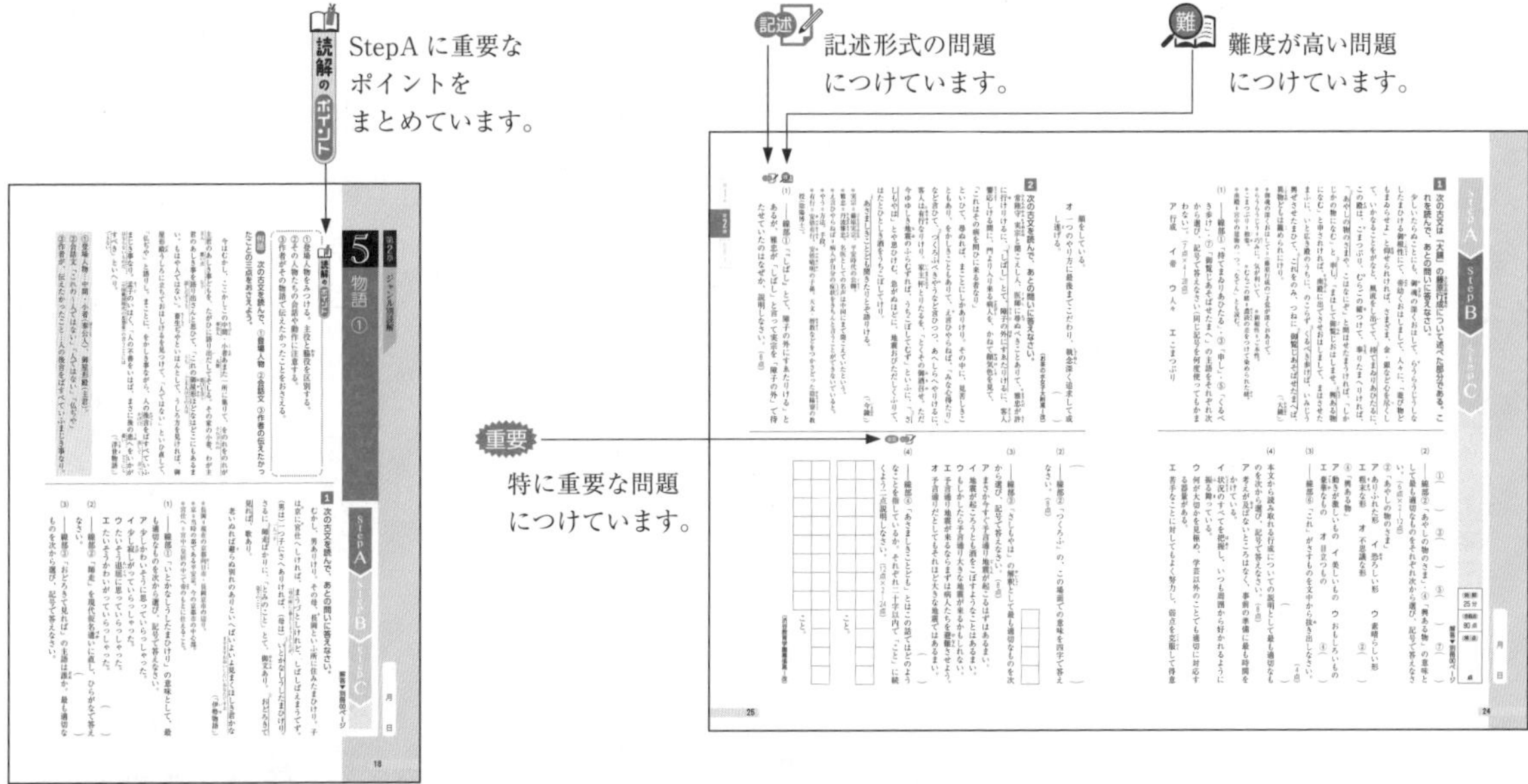

CONTENTS 目次

本書に関する最新情報は，小社ホームページにある**本書の「サポート情報」**をご覧ください。（開設していない場合もございます。）
なお，この本の内容についての責任は小社にあり，内容に関するご質問は直接小社におよせください。

1 歴史的仮名遣い・古語の意味

Step A Step B Step C

月 日

解答▼別冊1ページ

(1) 歴史的仮名遣い

古文で使われる仮名遣いを歴史的仮名遣いといい、現代の発音や表記と異なっている。

①ワ行の「ゐ・ゑ・を」は「い・え・お」と読む。

②語頭以外のハ行(は・ひ・ふ・へ・ほ)はワ行(わ・い・う・え・お)と読む。

例 かはせみ→かわせみ　言ふ→言う　かたはし

＊複合語の場合は語中でもハ行のまま読む。

③ダ行の「ぢ・づ」は「じ・ず」と読む。

例 恥ぢ→恥じ　愛づ→愛ず

④「くわ・ぐわ」は「か・が」と読む。

例 くわんゐ→かんい(官位)　ぐわんりき→がんりき(願力)

⑤語中の「む」は「ん」と読む。

例 せむかたなし→せんかたなし　降りなむ→降りなん

⑥表記と読み方は異なるので気をつける。

- ア段の音＋う(ふ)→(au)の部分は(ô)と読む。

例 あふぎ→おうぎ　さう→そう　わう→おう

- イ段の音＋う(ふ)→(iu)の部分は(yû)と読む。

例 かなしう→かなしゅう　にうわ→にゅうわ

- エ段の音＋う(ふ)→(eu)の部分は(yô)と読む。

例 えうなし→ようなし　へうたん→ひょうたん

(2) 古語の意味

①現代では使われない言葉

- いみじ…良くも悪くも程度が甚だしいこと。

例 女の、いみじく貴にらうたき声してかく言ふ。

訳 女がとても上品で愛らしい声でこのように言う。

- つきづきし…その場の状況や様子に似つかわしい。

例 火など急ぎおこして炭もてわたるもいとつきづきし。

訳 火などを急いでおこして、炭火をもって通っていくのも、(冬の朝に)とても似つかわしい。

- あらまほし…理想的だ。そうあってほしい。

例 少しのことにも先達はあらまほしき事なり。

訳 ちょっとしたことにも指導者はあってほしいものだ。

②現代語にもあるが意味の異なる語

- ありがたし…めったにない。

例 ありがたきもの。舅にほめらるる婿。

訳 めったにないもの。舅にほめられる婿。

- すさまじ…興ざめだ。

例 すさまじきもの。昼ほゆる犬。春の網代。

訳 興ざめなもの。昼にほえる犬。春の網代。

- めでたし…りっぱだ・すばらしい。

例 有様めでたくおぼえさせたまふ。

訳 態度がりっぱだと思われなされる。

1 **次の言葉を現代仮名遣いに直し、ひらがなで答えなさい。**

(1) よそほひ（　　　）
(2) みづうみ（　　　）
(3) かくわん（　　　）
(4) すゑおく（　　　）
(5) おはす（　　　）
(6) てうど（　　　）
(7) にふだう（　　　）
(8) ゐなほる（　　　）
(9) 常ならむ（　　　）
(10) やうやう（　　　）
(11) ふうりう（　　　）
(12) まうす（　　　）
(13) てふ（　　　）
(14) しやうゑん（　　　）
(15) かはづ（　　　）
(16) せうと（　　　）
(17) にはか（　　　）
(18) かうぶり（　　　）
(19) てうづ（　　　）
(20) せうなごん（　　　）

2 **次の古文を読んで、あとの問いに答えなさい。**

今は昔、阿陪仲麿と言ふ人ありけり。遣唐使として物を①習はしめむが為に、かの国に渡りけり。

②あまたの年を経て、え返り来たらざりけるに、またこの国より※□といふ人、遣唐使として行きたりけるが、返り来けるに伴ひて、「返りなむ」とて、明州といふ所の海のほとりにて、かの国の人餞しけるに、夜になりて月の③いみじく明かりけるを見て、④はかなきことにつけても、この国のこと思ひ出でられつつ、恋しく悲しく思ひければ、この国の方をながめて、かくなむ詠みける、

天の原ふりさけ見れば春日なる
　　みかさの山に出でし［A］かも

と言ひてなむ⑤泣きける。

（「今昔物語集」）

※本文の□は、欠損部であり、設問に影響はない。

(1) ――線部①「習はしめむが為に」を現代仮名遣いに直し、すべてひらがなで答えなさい。（　　　）

(2) ［A］に入る適切な言葉を、文中から一語で抜き出しなさい。（　　　）

重要 (3) ――線部②～④の意味として最も適切なものを次から選び、記号で答えなさい。

ア 虚しい　イ ちょっとした　ウ たくさん
エ ほんの少し　オ 奇妙なくらい　カ とても

②（　　）③（　　）④（　　）

記述 (4) ――線部⑤「泣きける」とあるが、その理由は何か。二十五字以内の現代語で主語を明確にしつつ、答えなさい。

□□□□□□□□□□□□□□□□□□□□□□□□□ から。

〔日本大豊山高－改〕

時間 25分　合格点 80点　得点　　点

月　　日

解答▶別冊1ページ

1 次の古文を読んで、あとの問いに答えなさい。

*楊香は一人の父を持てり。ある時、父とともに山中へ行きしに、たちまち荒き虎にあへり。楊香、父の命を失はんことを恐れて、虎を追ひ去らんとし侍りけれども、①かなはざるほどに、天の御あはれみを頼み、「②こひねがはくは、わが命を虎に与へ、父を助けてたまへ」と、こころざし深くして祈りければ、さすが[A]もあはれと思ひたまひけるにや、今まで、たけきかたちにて、③取り食はんとせしに、虎、④にはかに尾を*すべて、逃げ退きければ、父子ともに、虎口の難をまぬがれ、⑤つつがなく家に帰り侍るとなり。これ、ひとへに、⑥孝行のこころざし深き故に、⑦かやうの*奇特を*あらはせるなるべし。

（「御伽草子」）

*楊香＝人名。　*尾をすべて＝尾をすぼめて。　*奇特＝不思議なこと。
*あらはせるなるべし＝あらわしたのに違いない。

(1) ——線部①「かなはざるほどに」とは、「思いをかなえることができなかったので」という意味だが、楊香はどうすることができなかったのか。本文の内容を踏まえて現代語で答えなさい。（6点）

（　　　　）ができなかった。

(2) ——線部②「こひねがはくは」を現代仮名遣いに直し、ひらがなで答えなさい。（6点）

（　　　　）

(3) [A]に入る適切な言葉を、文中より一字で抜き出しなさい。（6点）

（　　）

(4) ——線部③「取り食はん」の現代語訳として最も適切なものを次から選び、記号で答えなさい。（6点）

ア 取って食べさせよう　イ 取って食べてやろう
ウ 取って食べるだろう

（　　）

(5) ——線部④「にはかに」・⑤「つつがなく」の意味を、それぞれ次から選び、記号で答えなさい。（6点×2—12点）

④ ア めずらしく　イ 急に　ウ くじけて
⑤ ア 無事に　イ 慎重に　ウ 奇跡的に

④（　　）　⑤（　　）

(6) ——線部⑥「孝行のこころざし深き故に」とあるが、楊香の「孝行のこころざし」が深いことを最もよく示している部分を、文中より二十字以内で抜き出し、はじめと終わりの三字を答えなさい。ただし、句読点等も字数に含める。（12点）

□□□～□□□

(7) ——線部⑦「かやうの奇特」について説明した次の文の[B]に入る適切な言葉を、文中から五字以内で抜き出しなさい。（12点）

作者は、楊香父子が［B］から逃れたことを、不思議なことだと思っている。

（梅花高）

2 次の古文を読んで、あとの問いに答えなさい。（出題の関係上、本文の表記を一部改めた部分がある。）

ある時、鹿、河のほとりに出でて水を飲みける時、なんぢが角の影、水に映つて見えければ、この角のありさまを見て、「さてもわがいただきける角は、ⓐよろづのけだものの中にまた並ぶものあるべからず。」と、かつは高慢の思ひをなせり。またわが四つ足の影、水底に映つて、いとたよりなく細くして、しかも蹄二つに割れたり。また鹿心にⓑ思ふやう、「角はめでたう侍れど、わが四つ足はうとましげなり。」と思ひぬるところに、頃より人の声ほのかに聞こえ、そのほか犬の声もしけり。①これによりてかの鹿、山中に逃げ入り、あまりに慌て騒ぐほどに、ある木の股におのれが角を引きかけて、下はぶらりと下がりにけり。抜かん抜かんとすれどもよしなし。②鹿、心に思ふやう、よしなきただ今のわが心や、いみじく誇りける角も仇になつて、うとんずる四つの肢こそわが助けなるものをと、ひとりごとして思ひ絶えぬ。そのごとく、人もまたこれに変はらず。「いつきかしづきけるものは仇となつて、うとんじ退けぬるものは我助けとなるものを。」と後悔する事、これありける物なり。

（「伊曾保物語」）

(1) ――線部ⓐ「よろづ」・ⓑ「思ふやう」を現代仮名遣いに直し、ひらがなで答えなさい。（4点×2―8点）

ⓐ（　　　）　ⓑ（　　　）

記述 (2) ――線部①「これ」とはどのようなことを指すか。「こと」に続くよう十五字程度の現代語で答えなさい。（10点）

［　　　　　　　　　　　　　　　　］こと。

(3) ――線部②「鹿、心に思ふやう」とあるが、このとき鹿が思った内容が書かれているのはどの部分か。はじめと終わりの三字を答えなさい。（12点）

［　　　］～［　　　］

(4) 本文の内容として最も適切なものを次から選び、記号で答えなさい。（10点）

ア 鹿は日頃から自分の角のことを他の獣たちに自慢していた。
イ 鹿は仲間の鹿の立派な角がうらやましく、妬みの気持ちを抱いていた。
ウ 鹿は自分の角と足のいずれも自分の武器になるものだと思っていた。
エ 鹿は自慢に思っていた角のせいで、人に捕らわれてしまった。
オ 鹿は自慢に思っていた角のせいで、命を落としてしまった。

（　　　）

（ノートルダム女学院高）

2 古文の特徴 ①

Step A Step B Step C

月　日

解答▼別冊2ページ

(1) 主語・目的語・述語・助詞の省略

古文には、仮名遣いや単語の意味の他にも現代文と異なる点がある。その中で注意したいのが「省略」である。

文章を読解するためには主語や目的語の関係を的確にとらえることが重要になってくるので、省略には注意が必要である。

①主語(動作主)の省略

古文では主語が省略されることが多い。登場人物を把握し、述部に注意して、誰の動作や状態なのかを考える必要がある。また、主語の省略だけでなく、文の途中で主語が変わることも多い。文脈を追いながら、常に主語を意識しておくことが大切である。

例 犬を蔵人(が)ふたりして打ち給ふ。(犬は)死ぬべし。（「枕草子」）

一文目の主語は「蔵人」だとわかる。二文目の主語は「犬」か「蔵人」の二択だが、犬をぶっている二人の蔵人が死ぬとは考えにくいので、ここでは主語が「犬」に変わっていると判断できる。

②目的語や補語、述語の省略

前後の文脈から判断できるような場合には、目的語や補語、述語が省略されていることがある。出てくる言葉を丁寧に追っていけば、省略されている語句を見つけることができる。

例 夏は夜。月のころはさらなり。闇もなほ、蛍の多く飛びちがひたる。(中略)雨など降るもをかし。（「枕草子」）

作者が「をかし」と感じたものを列記しており、それぞれの文のあとに、「をかし」という述語が省略されているのだとわかる。

③助詞の省略

助詞のない部分を読むとき、どのような助詞を補えば文意が通るかを考え、助詞がないことによって見えにくくなっている主語や目的語に注意する。

例 簾(を)少し上げて、花(を)奉るめり。（「源氏物語」）

例 翁(は)、竹を取ること(が)久しくなりぬ。（「竹取物語」）

(2) 会話部分の把握

古文にはもともと会話文を示す「　」は用いられていなかった。現在ではあらかじめ補っている文章が多いが、そうでないものを読む場合には、文中から登場人物の発言を見分けながら読むことが求められる。引用や会話の終わりを示す「と」「とぞ」「とて」などの格助詞が目印になる。

例 むすめおどろきて、かなはぬ心地に苦しくてといひて、

訳 少女は目を覚まして、「どうにもならないくらいに気持ちが苦しくて」と言って、（「古今著聞集」）

例 大方のみな荒れにたれば、あはれとぞ、人々言ふ。

訳 全体がすっかり荒れてしまっているので、「ああ(なんとひどいこと)」と、人々が言う。（「土佐日記」）

1 次の古文を読んで、あとの問いに答えなさい。

男もすなる日記といふものを、女もしてみむとて ⓐするなり。（中略）ⓑある人［A］、県の四とせ五とせ果てて、例のことども［B］みなし終へて、解由など取りて、住む館より出でて、船に乗るべき所へ渡る。かれこれ、知る知らぬ、送りす。

（「土佐日記」）

＊県＝地方官の任国。　＊解由＝引継の証明文書。

(1) ――線部ⓐ「する」の主語は誰か、答えなさい。

（　　　　）

重要 (2) ――線部ⓑ「ある人」を受ける述語五つを順番通りにすべて書き抜きなさい。

①（　　　　）　②（　　　　）　③（　　　　）

④（　　　　）　⑤（　　　　）

(3) ［A］・［B］に入れると、文意が取りやすくなる助詞を考えて書きなさい。

A（　　　　）　B（　　　　）

2 次の古文の中で、引用や会話にあたる部分が二つある。それぞれ本文の順にはじめと終わりの三字を抜き出しなさい。ただし、句読点等は字数に含めない。

大臣・上達部を召して、いづれの山か天に近きと問はせ給ふ（（帝が）お聞きなさると）に、ある人奏す。駿河の国にあるなる山なむこの都も近く、天も近く侍ると奏す。

（「竹取物語」）

＊奏す＝「天皇に申し上げる」という意味の「言ふ」の謙譲語。

①　□□□　〜　□□□

②　□□□　〜　□□□

3 次の古文を読んで、あとの問いに答えなさい。

城陸奥守泰盛は双なき（並ぶものがいない）馬乗りなりけり。馬をひき出させけるに、①足をそろへて閾をゆらりと越ゆるを②見ては、「これはいさめる馬なり」とて鞍を置きかへさせけり。また、足をのべて閾に蹴あてぬれば、「これはにぶくしてあやまちあるべし」とて③乗らざりけり。

（「徒然草」）

＊閾＝門や家屋の入口の横木。

(1) ――線部①・②・③の主語の組み合わせとして、最も適切なものをそれぞれ次から選び、記号で答えなさい。

ア　①馬　②馬　③泰盛
イ　①馬　②泰盛　③泰盛
ウ　①泰盛　②馬　③泰盛
エ　①泰盛　②泰盛　③馬

（　　　　）

(2) 作者は泰盛について「双なき馬乗りなりけり」と述べているが、その理由として適切なものをそれぞれ次から選び、記号で答えなさい。

ア　自分は馬に乗りたがらない臆病な人であるから。
イ　馬の失敗も許す寛大な人であるから。
ウ　高度な乗馬の技術を持つ人であるから。
エ　馬を観察し、慎重に行動する人であるから。

（　　　　）

Step A　Step B　Step C

時間 25分　合格点 80点　得点 　点

月　日

解答▼別冊3ページ

1 次の古文を読んで、あとの問いに答えなさい。

みの虫、いとあはれなり。鬼の①生みたりければ、親に似て、これも恐ろしき心あらむとて、親の、②あやしき衣ひき着せて、いま秋風吹かむをりぞ来むとする。待てよ。と言ひおきて、ⓐ逃げて往にけるもⓑ知らず、風の音をⓒ聞き知りて、八月ばかりになれば、「ちちよ、ちちよ。」と③はかなげに鳴く、いみじうあはれなり。

（「枕草子」）

(1) 文中で「親」が話している部分を抜き出し、はじめと終わりの三字を答えなさい。ただし句読点等は字数に含めない。（10点）

□□□～□□□

(2) ――線部①「生みたり」の目的語を文中から抜き出しなさい。（4点）

（　　　　）

(3) ――線部②「あやしき」の言葉の意味を答えなさい。（4点）

（　　　　）

(4) ――線部ⓐ～ⓒの主語を文中から抜き出しなさい。（4点×3―12点）

ⓐ（　　）　ⓑ（　　）　ⓒ（　　）

記述　重要

(5) ――線部③「はかなげに鳴く」とあるがその理由を考えて書きなさい。（10点）

（　　　　　　　　）

2 次の古文を読んで、あとの問いに答えなさい。

老子のいはく、「欲多ければ身をそこなひ（悪くし）、財（財産）多ければ身をわづらはす（苦しめ悩ませる）」といへり。わづらはすとは、用心に隙なき心（財産を守る用心のために余裕がない）なり。げに（確かに）も飽き足る事（十分に満足する）を知らざる者は、欲深き故（欲が深いため）なれば、これわざはひの本（災難にあう原因となる）也。財は又身をそこなふ種（原因）なり。この故に欲をばほしゐままにすべからず（欲のままに振る舞ってはいけない）。つねに足る事を知るべし。

（「浮世物語」）

(1) ――線部「欲多ければ身をそこなひ、財多ければ身をわづらはす」とあるが、次の［　］内の文は、老子のこの言葉についての作者の考えをまとめた一例である。［Ⅰ］～［Ⅲ］に入る適切な言葉を、それぞれ現代語で答えなさい。ただし、字数は［Ⅰ］は五字以内、［Ⅱ］、［Ⅲ］は五字以上十字以内とする。（10点×3―30点）

> 欲が多いと、十分に満足することを知らないので、身体を悪くするなどの［Ⅰ］原因となり、財産が多いと、［Ⅱ］のために余裕がなくなり、自分自身を［Ⅲ］ことになる。

Ⅰ □□□□□

Ⅱ □□□□□□□□□□

(2) この話の中で、作者はどのようなことを心がけるべきだと述べているか。現代語で答えなさい。(10点)

Ⅲ

(岐阜ー改)

3 次の古文を読んで、あとの問いに答えなさい。

＊縫殿頭(ぬひどののかみ)＊信安といふ者ありけり。世の中に強盗(がうだう)はやりたりけるころ、もし＊家探(け)さるることもぞあるとて、強盗をすべらかさむ＊料(れう)に、日暮るれば、①家に管といふ＊小竹のよをおほくちらし置きて、②つとめてはとりひそめけり。

ある夜、＊参り宮仕ひける公卿(くぎやう)の家近く、＊焼亡(ぜうまう)のありけるに、あわて惑(まど)ひて出づとて、その管の小竹にすべりて、＊まろびにけり。腰(こし)を打ち折りて、③年寄りたる者にて、ゆゆしくわづらひて、日数へてからくしてよくなりにける。

いたく支度のすぐれたるも、＊身に引きかづくこそをかしけれ。

(「古今著聞集(ここんちょもんじゅう)」)

＊縫殿頭＝裁縫(さいほう)のことなどを司る縫殿寮(ぬいどののつかさ)の長官。
＊信安＝左衛門尉(さえもんのじょう)藤原信安。
＊家探さるる＝家に強盗が入る。　＊料に＝ために。
＊小竹のよ＝小竹の、節(ふし)と節との間で短く切った竹片。
＊参り宮仕ひける＝(信安が)奉公(ほうこう)に参上していた。
＊焼亡＝火事。
＊まろびにけり＝転んでしまった。
＊身に引きかづく＝自分の身に降りかかってあだになる。

(1) ――線部①「家に管といふ小竹のよをおほくちらし置きて」とあるが、信安が家に小竹の管をたくさんまき散らして置いたのは何のためか。十字以内で説明しなさい。(6点)

(2) ――線部②「つとめて」の意味として最も適切なものを、次から選び、記号で答えなさい。(4点)

ア 努力して
イ 仕えつつ
ウ 可能な限り
エ 翌朝

(　　)

(3) ――線部③「年寄りたる者」と同じ人物を文中から抜き出しなさい。(4点)

(　　　　)

(4) 本文の内容に最も近いことわざを次から選び、記号で答えなさい。(6点)

ア 過ぎたるはなお及(およ)ばざるがごとし
イ 二兎(と)を追う者は一兎をも得ず
ウ 泥棒(どろぼう)を捕(と)らえて縄(なわ)をなう
エ 備えあれば憂(うれ)いなし

(　　)

(日本大豊山高ー改)

3 古文の特徴②

月　日

解答▼別冊4ページ

(1) **係り結び**

文中に、「ぞ・なむ・や(やは)・か(かは)・こそ」という係助詞があると、文末は終止形にならず、「こそ」の場合は已然(いぜん)形、それ以外は連体形で結ぶというきまりを係り結びの法則という。

①**強意** 例 彼(かれ)ぞ賢者(けんじゃ)なる。〈連体形〉

例 彼なむ賢者なる。〈連体形〉

例 彼こそ賢者なれ。〈已然形〉

訳 彼こそ賢者なのだ。

②**反語・疑問**

例 彼に勝る者やある。〈連体形〉

訳 彼に勝る者などいるだろうか、いや、いない。(反語)

例 さても、いくつにかなり給ひぬる。〈連体形〉

訳 ところで、いくつにおなりでしたか。(疑問)

(2) **主な助詞・助動詞のはたらきと意味**

①**「な～そ」…禁止(～するな)。「な」は副詞、「そ」は終助詞。**

例 梅の花はやくな散りそ。(梅の花よ、早く散るな。)

②**「え～打ち消しの語」…不可能(～できない)。「え」は副詞。**

例 えならぬにほひには、心ときめきするものなり。

(何とも言えないにおいには胸がドキドキするものだ。)

③**「未然形＋なむ」…(他者に対する)願望(～してほしい)「なむ」は終助詞。**

例 鶯(うぐひす)は植木の樹間(こま)を鳴き渡(わた)らなむ。(鶯には植木の樹間を鳴き渡ってほしい。)

④**助動詞(活用語に付いて意味を付け加える)**

- る・らる　自発・尊敬・可能・受身
- す・さす・しむ　使役・尊敬
- なり・たり　断定
- ず　打ち消し
- つ・ぬ・たり・り　完了(かんりょう)(「たり」「り」は存続もある)
- き・けり　過去
- む・むず・べし　推量

(3) **敬語**

種類	敬語	現代語訳
尊敬	おはす おぼす のたまふ 給(たま)ふ 大殿籠(おほとのごも)る	いらっしゃる お思いになる おっしゃる お与(あた)えになる・くださる・なさる お休みになる・就寝(しゅうしん)なさる
謙譲(けんじょう)	申す・聞こゆ 奏(そう)す・啓(けい)す 奉(たてまつ)る 参る・まかる	申し上げる (天皇・皇后(こうごう)に)申し上げる 差し上げる 参上する・退出する
丁寧(ていねい)	侍(はべ)り・候(さぶら)ふ	です・ございます

1 次の文の意味として最も適切なものをそれぞれあとから選び、記号で答えなさい。

(1) 鳥、な鳴きそ。 (2) 鳥こそ鳴け。
(3) 鳥、鳴かなむ。 (4) 鳥、え鳴かざりけり。
(5) 鳥鳴かず。 (6) 鳥鳴かむ。 (7) 鳥やは鳴く。

ア 鳥よ、鳴け。 イ 鳥が鳴くだろう。
ウ 鳥よ、鳴くな。 エ 鳥は鳴かない。
オ 鳥よ、鳴いてほしい。 カ 鳥は鳴くか、いや鳴かない。
キ 鳥が鳴くのだ。 ク 鳥は鳴けなかった。

(1)(　　) (2)(　　) (3)(　　) (4)(　　)
(5)(　　) (6)(　　) (7)(　　)

2 次の古文を読んで、あとの問いに答えなさい。

①花は盛り(さか)に、月はくまなきをのみ見るものかは。雨に向かひて月を恋ひ(こ)、*たれこめて春のゆくへ知らぬも、なほあはれに情け深し。咲き(さ)ぬべきほどのこずゑ、散りしをれたる庭などこそ見どころ多けれ。歌の*詞書(ことばがき)にも、「花見に②まかれりけるに、早く散り過ぎにければ」とも、「さはることありてまからで」なども書けるは、「[A]」と言へるに劣れ(おと)ることかは。花の散り、月のかたぶくを慕ふ(した)ならひは③さることなれど、ことにかたくなる人ぞ、「この枝、かの枝散りにけり。今は見どころなし」などは言ふめる。
（「徒然草(つれづれぐさ)」）

*たれこめて＝簾(すだれ)を垂れ(た)て家の中に引きこもっていて。
*詞書＝歌の前につけて歌の制作動機などを記したもの。

(1) ——線部①「花は盛りに、月はくまなきをのみ見るものかは」を現代語訳しなさい。「かは」は反語の係助詞である。
(　　　　　　)

(2) 文中には、「かは」以外に「係り結びの法則」が使われている。その「係助詞」を二つ、そのまま抜き(ぬ)出しなさい。
(　　)(　　)

(3) 難 ——線部②「まかれりけるに」で使われている敬語の種類を次から選び、記号で答えなさい。
ア 尊敬語　イ 謙譲語　ウ 丁寧語
(　　)

(4) 「[A]」に入る語として適切なものを次から選び、記号で答えなさい。
ア 花を見でくちをし　イ 花を見て
ウ 花は見どころなし　エ 花、な散りそ
(　　)

(5) ——線部③「さることなれど」の意味として最も適切なものを次から選び、記号で答えなさい。
ア もっともなことであるが　イ 感心できないが
ウ 過ぎ去ったことであるが　エ すばらしいが
(　　)

Step A　Step B　Step C

時間 25分　合格点 80点　得点 　点

月　日

解答▼別冊5ページ

1 次の古文を読んで、あとの問いに答えなさい。

＊成範卿（しげのりきやう）、＊ことありて、召（め）し返されて、＊内裏（だいり）に参ぜられたりけるに、昔は＊女房（にようばう）の入立（いりたち）なりし人の、今はさもⓐあらざりければ、女房の中より、昔を思ひ出でて、

雲の上はありし昔にかはらねど見し玉垂（たまだ）れのうちや恋（こひ）しき
（宮中は昔と変わりませんが、（あなたは今ではこの御簾の内側に入れません）以前あなたが見たこの御簾の内側がなつかしいですか）

とⓑよみ出（いだ）したりけるを、返事せむとて、灯籠（とうろう）の①きはに寄りけるほどに、小松大臣（こまつのおとど）の②まゐりたまひければ、急ぎ立ちのくとて、灯籠の火の、＊かき上げの木の端（はし）にて、「や」文字を消（け）ちて、そばに「ぞ」文字を書きて、御簾（みす）の内へさし入れて、ⓒ出でられにけり。

女房、取りて見るに、③「ぞ」文字一つにて返しをせられたりける、④ありがたかりけり。

（『十訓抄（じっきんしょう）』）

＊成範卿＝平安末期の歌人、藤原成範。
＊ことありて、召し返されて＝平治の乱の後、流罪（るざい）で地方に流されたがほどなく（許されて）京に戻（もど）ってきて。　＊内裏＝天皇の住む御殿（ごてん）のこと。
＊女房の入立なりし人＝女房（貴人に仕える女官）の部屋に立ち入ることが許された者。
＊かき上げ＝灯籠の中にあるものをかき出す棒。

(1) ――線部ⓐ～ⓒの主語として最も適切なものをそれぞれ次から選び、記号で答えなさい（同じ記号を何度使ってもかまいません）。（10点×3―30点）

ア 成範卿　イ 女房　ウ 小松大臣　エ 作者

ⓐ（　　）ⓑ（　　）ⓒ（　　）

(2) ――線部①「きは」・②「まゐりたまひ」を現代仮名遣（づか）いに直し、ひらがなで答えなさい。（5点×2―10点）

①（　　　　）②（　　　　）

(3) 記述 ――線部③「『ぞ』文字一つにて返しをせられたりける」とあるが、誰（だれ）が、どうしたのか。三十字以内で説明しなさい。ただし、句読点等も字数に含（ふく）める。（16点）

(4) ――線部④「ありがたかりけり」の文中での意味として最も適切なものを次から選び、記号で答えなさい。（8点）

ア 感謝してもしつくせないだろう。
イ 生きにくい世の中であることよ。
ウ まれにみる素晴らしさだった。
エ なんと無礼なことではないか。

（　　）

〔帝京大高〕

2 次の古文を読んで、あとの問いに答えなさい。

人の物を問ひたるに、知らずしもあらじ、ありのままにいはんは*をこがましとにや、心まどはすやうに返り事したる、①よからぬことなり。知りたることも、②なほさだかにと思ひてや問ふらん。また、まことに知らぬ人もなどかなからん。うららかにいひきかせたらんは、③おとなしく聞こえなまし。人はいまだ聞き及(およ)ばぬことを、わが知りたるままに、「*さてもその人のことのあさましさ。」などばかりいひやりたれば、いかなることのあるにかと、おし返し問ひにやるこそ A 。世にふりぬることをも、おのづから聞きもらすあたりもあれば、④おぼつかなからぬやうに告げやりたらん、あしかるべきことかは。⑤かやうのことは、ものなれぬ人のあることなり。

（「徒然草(つれづれぐさ)」）

＊をこがましとにや＝ばかばかしいと思うのであろうか。
＊さても＝ほんとにまあ。

(1) ――線部①とは、何が「よからぬこと」なのか。最も適切なものを次から選び、記号で答えなさい。（8点）

ア いいかげんな質問に対して、本気になって答えたりすること。
イ いいかげんな質問に対して、いいかげんに答えたりすること。
ウ 本気の質問に対して、本気になって答えたりすること。
エ 本気の質問に対して、いいかげんに答えたりすること。

（　　）

(2) ――線部②「なほさだかに」とあるが、そのあとに省略されている言葉として最も適切なものを次から選び、記号で答えなさい。（5点）

ア いはん　イ あらん　ウ 知らん　エ よからん

（　　）

(3) ――線部③「おとなしく聞こえなまし」の現代語訳として最も適切なものを選び、記号で答えなさい。（5点）

ア 穏(おだ)やかに聞こえるだろうに
イ 穏やかに申し上げるだろうに
ウ 苦し紛(まぎ)れに聞こえるだろうに
エ 苦し紛れに申し上げるだろうに

（　　）

(4) A に入る適切な言葉を次から選び、記号で答えなさい。（5点）

ア 心づきなし　イ 心づきなかり
ウ 心づきなかる　エ 心づきなけれ

（　　）

(5) ――線部④「おぼつかなからぬやうに」の現代語訳として最も適切なものを次から選び、記号で答えなさい。（5点）

ア 頼(たよ)りなさそうに　イ はっきりわかるように
ウ 自信ありげに　エ はっきりしないように

（　　）

重要

(6) ――線部⑤「かやうのこと」とあるが、どういうことか。最も適切なものを次から選び、記号で答えなさい。（8点）

ア 返事に納得(なっとく)していないにもかかわらず、それ以上質問したりしないこと。
イ 人が誠意をもって答えたのにもかかわらず、繰(く)り返し質問すること。
ウ 人から質問された時に、相手の心を惑(まど)わすような言い方をすること。
エ 人から質問された時に、相手の期待以上の答え方をすること。

（　　）

〔川越東高〕

4 古文の基礎知識

(1) 月の異名と季節

陰暦(旧暦)の季節の分け方は、現在の季節の分け方と異なるので注意しよう。

季節	月	月の異名	季節	月	月の異名
春	一月	睦月(むつき)	秋	七月	文月(ふづき・ふみづき)
	二月	如月(きさらぎ)		八月	葉月(はづき)
	三月	弥生(やよい)		九月	長月(ながつき)
夏	四月	卯月(うづき)	冬	十月	神無月(かんなづき)
	五月	皐月(さつき)		十一月	霜月(しもつき)
	六月	水無月(みなづき)		十二月	師走(しはす・しわす)

(2) 月齢(月の満ち欠けを表す日数を月齢という。)

日付	月の名称	日付	月の名称
1	新月・つごもり	16	十六夜月…やや遅れて出てくる月
3	三日月	17	立待月…立って待つ間に出てくる月
11	十日余りの月	18	居待月…出るのが遅いので座って待つ月
13	十三夜月・小望月	19	臥待月…横になって待つのがよい月
15	望月・満月	22	二十日余りの月

(3) 十二支

子(ね)・丑(うし)・寅(とら)・卯(う)・辰(たつ)・巳(み)・午(うま)・未(ひつじ)・申(さる)・酉(とり)・戌(いぬ)・亥(い)

(4) 古時刻と古方位

時刻は一日を十二等分し、十二支を当てた。「午の刻」よりも前が「午前」、後が「午後」。

方位は三六〇度を十二等分したもので、北を子とし、右回りに十二支を当てた。

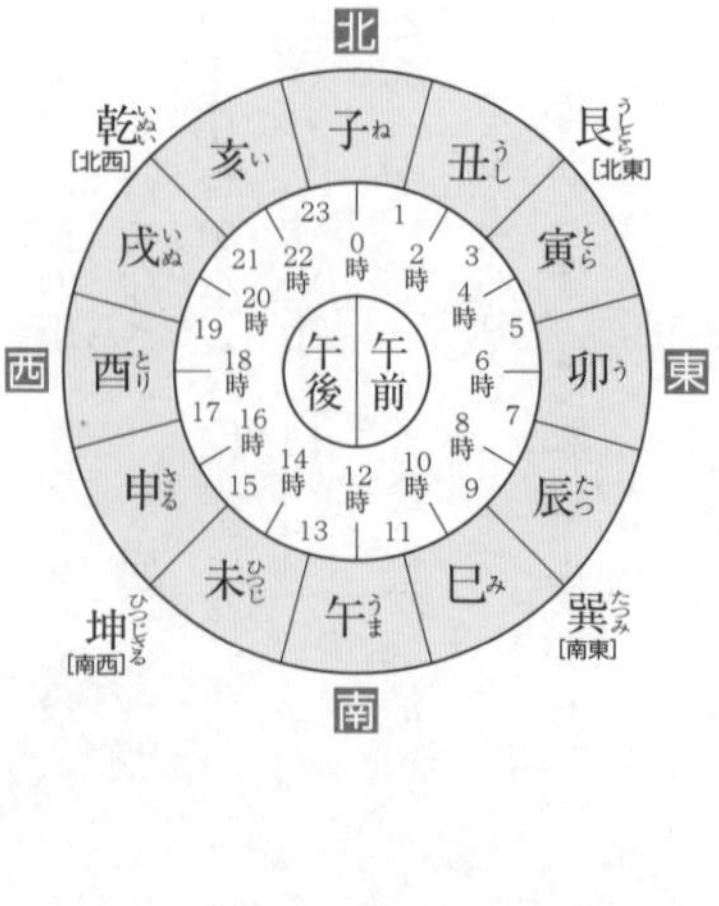

北　東　南　西
子　丑　寅　卯　辰　巳　午　未　申　酉　戌　亥
艮〔北東〕　巽〔南東〕　坤〔南西〕　乾〔北西〕
午前　午後
0時　2時　4時　6時　8時　10時　12時　14時　16時　18時　20時　22時
1　3　5　7　9　11　13　15　17　19　21　23

(5) 主要古典作品　＊( )のないものは作者未詳。

時代	作品名(作者・編者)	ジャンル
奈良時代	古事記(太安万侶)	歴史
	日本書紀(舎人親王ら)	歴史
	万葉集(大伴家持ら)	和歌
平安時代	竹取物語	物語
	伊勢物語	歌物語
	古今和歌集(紀貫之ら)	和歌
	土佐日記(紀貫之)	日記
	枕草子(清少納言)	随筆
	源氏物語(紫式部)	物語
	今昔物語集	説話
鎌倉・室町時代	新古今和歌集(藤原定家ら)	和歌
	方丈記(鴨長明)	随筆
	平家物語	軍記物
	徒然草(兼好法師)	随筆
	宇治拾遺物語	説話
江戸時代	おくのほそ道(松尾芭蕉)	紀行文
	雨月物語(上田秋成)	物語
	玉勝間(本居宣長)	随筆

1 次の古文を読んで、あとの問いに答えなさい。

*①正月一日、*②三月三日は、いとうららかなる（晴れ渡っている(のがよい)）。*③五月五日は曇りくらしたる（曇ったまま過ぎて）。*④七月七日は曇りくらして、夕かたは晴れたる空に（夕方は晴れた空に）、月いとあかく（たいそう明るく）、星の数も見えたる（星の数も数えられるほど(なのが味わい深くてよい)）。*⑤九月九日は、暁方より（未明から）雨少し降りて、菊の露もこちたく、覆ひたる綿などもいたく濡れ、うつしの香も（綿に移した菊の香り）もてはやされたる。つとめては止みにたれど（雨も止んでしまっているが）、なほ曇りて、ややもせば（どうかすると）降り落ちぬべく見えたるもをかし。

（「枕草子」）

*正月一日＝宮中で「四方拝」、「元日節会」が行われ、年の始めを祝う日。以下と合わせて五節句(供)。
*三月三日＝上巳の節句(供)。桃の節句ともいう。曲水宴が行われる。
*五月五日＝端午の節句(供)。重五ともいう。　*七月七日＝七夕。
*九月九日＝重陽の節句(供)。菊花の節句(供)ともいう。

重要
(1) ――線部①〜⑤の月の旧暦での異名をそれぞれ漢字で答えなさい。

①（　　）②（　　）③（　　）
④（　　）⑤（　　）

(2)「枕草子」は、三大随筆と呼ばれる作品の一つである。あとの二つを漢字で答えなさい。

（　　）（　　）

2 古文の基礎知識について、次の問いに答えなさい。

(1) 次の古時刻は、現在でいう何時頃か、漢字で答えなさい。

① 丑の刻（　　）② 申の刻（　　）
③ 子の刻（　　）④ 午の刻（　　）

(2) 次の古方位は、どの方角のことを指すか答えなさい。

① 巽（　　）② 坤（　　）
③ 午（　　）④ 艮（　　）

(3)「記紀」と呼ばれる書物を二つ答えなさい。

（　　）（　　）

(4)「三大和歌集」と呼ばれる作品集を、三つすべて答えなさい。

（　　）（　　）（　　）

重要
(5) 次の文章はある作品の冒頭に書かれているものである。どの作品の冒頭文かをそれぞれあとから選び、記号で答えなさい。

ア つれづれなるままに、日ぐらし硯にむかひて、心にうつりゆくよしなしごとを、そこはかとなく書きつくれば、あやしうこそものぐるほしけれ。

イ いづれの御時にか、女御・更衣あまたさぶらひたまひける中に、いとやむごとなききはにはあらぬが、すぐれて時めきたまふありけり。

ウ 春は曙。やうやうしろくなりゆく山ぎは、少しあかりて、紫だちたる雲の細くたなびきたる。

エ 昔、男、初冠して、平城の京、春日の里にしるよしして、狩りに往にけり。

a 枕草子　b 源氏物語　c 伊勢物語　d 徒然草

ア（　　）イ（　　）ウ（　　）エ（　　）

時間 25分
合格点 80点
得点　点

月　日

1 次の古文を読んで、あとの問いに答えなさい。

昔、男ありけり。をのこ子[*]二人持ちたるにとりて、兄は先の妻の腹、弟は今の妻の腹になんありける。かかれど、兄のをのこ、継母（ままはは）のために①つゆもおろかならず。失せにし我が母の如（ごと）く、ねんごろに孝養（かうやう）すれば、②母また我が子にも思ひおとせることなかりけり。

二人の子やうやう人となりて後、父先立ちて病をうけて、死なんとする時、母にいふやう、「ⓐ年ごろこの兄のをのこをⓑあはれみ育むことは、ことの折節に[*]みな思ひ知れり。うしろめたなかるべきならねど[*]、何事も跡（あと）のことを思ふに、なほかれがいとほしく覚ゆるなり。我を深く思はば、我が形見とおもひて、いとほしくせよ」と泣く泣くいひ置きて死ぬ。その後、母③このことをたがへず、やや弟にもまさりてなんあはれみける。

（「発心集（ほっしんしゅう）」）

＊をのこ子＝男の子。　＊ことの折節に＝ことあるごとに。
＊うしろめたなかるべきならねど＝不安に思うはずもないが。

(1) ――線部ⓐ「年ごろ」の意味として最も適切なものを次から選び、記号で答えなさい。(5点)
ア 長年　イ 一人前に　ウ 幼い頃（ころ）　エ 成長期に　（　　）

(2) ――線部ⓑ「あはれみ育む」の主語を次から選び、記号で答えなさい。(5点)
ア 父　イ 先の妻　ウ 今の妻　エ 兄　（　　）

(3) ――線部①「つゆもおろかならず」の意味として最も適切なものを次から選び、記号で答えなさい。(5点)
ア 必ずしも未熟なところばかりではない。
イ 全く失敗することはない。
ウ 一切心配をかけることがない。
エ 少しもいいかげんなところがない。　（　　）

重要 記述
(4) ――線部②は「母も自分の子と比べて軽んずることはなかった」という意味であるが、そのようにしたのはなぜか。三十字以内で説明しなさい。ただし、句読点等も字数に含（ふく）める。(15点)

難 記述
(5) ――線部③「このこと」とあるが、その内容を四十字以内で説明しなさい。ただし、句読点等も字数に含める。(15点)

解答▼別冊6ページ

(6) この作品の作者は、この作品の他に、三大随筆の一つとして知られる「方丈記」を記したことでも有名である。作者名を、次の中から選び、記号で答えなさい。（5点）

ア 紫式部　イ 清少納言　ウ 兼好法師　エ 鴨長明　（　　）

〔京都産業大附高－改〕

2 次の古文を読んで、あとの問いに答えよ。

＊堀河院の御時、勘解由次官明宗とて、いみじき笛吹きありけり。ゆゆしき心おくれの人なり。院、笛聞こしめされむとて、召したりける時、＊帝の御前と思ふに、臆して、わななきて、え吹かざりけり。

①本意なしとて、あひ知れりける女房に仰せられて、「私に＊坪の辺りに呼びて、吹かせよ。我、立ち聞かむ」と仰せありければ、月の夜、語らひ契りて、ⓐ吹かせけり。「女房の聞く」と思ふに、はばかるかたなくて思ふさまに吹きける。世にたぐひなく、めでたかりけり。

帝、感にたへさせたまはず、「日ごろ、上手とは聞こしめしつれども、かくほどまではⓑおぼしめさず。いとどこそ［A］」と仰せ出だされたるに、「さは、帝の聞こしめしけるよ」と、たちまちにⓒ臆して、騒ぎけるほどに、縁より落ちにけり。②「＊安楽塩」といふ異名を付きにけり。

（「十訓抄」）

＊堀河院の御時＝堀河帝が位にあった平安時代後期、十一世紀末から十二世紀初めにかけての時代。＊帝＝「院」と同一人物。
＊坪＝中庭。　＊安楽塩＝笛の楽曲の名前。

(1) ――線部ⓐ「吹かせけり」・ⓑ「おぼしめさず」・ⓒ「臆して」の主語として最も適切な人物を、それぞれ次から選び、記号で答えなさい。（5点×3―15点）

ア 帝（院）　イ 明宗　ウ 女房

ⓐ（　　）ⓑ（　　）ⓒ（　　）

(2) 記述 ――線部①「本意なし」とは「願いがかなわない」という意味だが、この願いとは誰のどのような願いか。二十五字以内で答えなさい。ただし、句読点等も字数に含める。（15点）

(3) ［A］に入る適切な言葉を次から選び、記号で答えなさい。（4点）

ア めでたく　イ めでたし
ウ めでたき　エ めでたけれ　（　　）

(4) ――線部②「『安楽塩』といふ異名」がついた理由は、「楽塩」を同じ音のどのような言葉に掛けたからか。文中の漢字を組み合わせて二字で答えよ。（10点）

(5) 本文の内容と合うものを、次から選び、記号で答えなさい。（6点）

ア 帝は知り合いの女房に言われるままに明宗を呼びよせた。
イ 帝は自分にも笛を吹かせてもらいたいと明宗に懇願した。
ウ 隠れていた帝は感動したあまりつい声をあげてしまった。
エ 隠れていた帝は見つかったとたんに庭に落ちてしまった。

（　　）

〔巣鴨高〕

5 物語①

月　日

読解のポイント

①登場人物を見つける。主役と脇役を区別する。
②その人物たちの会話や動作に注意する。
③作者がその物語で伝えたかったことを押さえる。

例題 次の古文を読んで、①登場人物 ②会話文 ③作者の伝えたかったことの三点を押さえよう。

今はむかし、ここかしこの中間・小者（奉公人）あまた（大勢）一所に集りて、をのれをのれ（それぞれの）が主君（主人）のあしき事（悪い点など）どもを、たがひに語り出だしてそしる（悪口を言う）。その家の小者、わが主君のあしき事を語り出さん（話しだそうと）と思ひて、「これの（うち）御屋形ほどな（ご主人ほどの人は）はどこにもあるまい。もはや人ではない」。畜生ぢやといはんとして、うしろ方を見ければ、御屋形殿うしろに立ちておはしけるを見つけて、「人ではない」といひ直して、「仏ぢや」と語りし。まことに、をかしき事ながら、人の後言（かげ口）をばすべて（決して）いふ（言って）まじき事なり（はならないものだ）。孟子（中国戦国時代の思想家）のいはく（の言うことには）、「人の不善をいはば、まさに後の患へ（憂い）をいかが（どうにも）すべき（できない）」といへり。

（『浮世物語』）

①登場人物…中間・小者（奉公人）、御屋形殿（主君）。
②会話文「これの～人ではない」「人ではない」「仏ぢや」
③作者が、伝えたかったこと…人の後言をばすべていふまじき事なり。

---

1 次の古文を読んで、あとの問いに答えなさい。

解答▼別冊7ページ

むかし、男ありけり。その母、長岡*といふ所に住みたまひけり。子は京*に宮仕へ*しければ、まうづ（母の所に参上しようとしたが、）としけれど、しばしばえまうでず。（男は）一つ子（一人っ子）にさへありければ、（母は）①いとかなしうしたまひけり。さるに②師走ばかりに、「とみのこと（急ぎのこと）」とて、御文あり。③おどろきて見れば、歌あり。

老いぬれば避らぬ別れのありといへばいよいよ見まくほしき君かな（ますますお会いしたいあなたですよ）

（『伊勢物語』）

＊長岡＝現在の京都向日市・長岡京市の辺り。
＊京＝当時の都である平安京。今の京都市の中心部。
＊宮仕へ＝宮中（皇居の中）で帝のもとに仕えること。

(1) ――線部①「いとかなしうしたまひけり」の意味として、最も適切なものを次から選び、記号で答えなさい。

ア 少しかわいそうに思っていらっしゃった。
イ 少し寂しがっていらっしゃった。
ウ たいそう退屈に思っていらっしゃった。
エ たいそうかわいがっていらっしゃった。

（　　　）

(2) ――線部②「師走」を現代仮名遣いに直し、ひらがなで答えなさい。

（　　　）

(3) ――線部③「おどろきて見れば」の主語は誰か。最も適切なものを次から選び、記号で答えなさい。

(4) 次の会話は、この文章について春菜さんと太一さんが話し合った内容の一部である。[A]・[B]に入る適切な言葉を答えなさい。ただし、[A]は和歌の中から五字で抜き出し、[B]は漢字二字の現代語で答えること。

春菜　男は、母親と離れて都で仕事をしていて、仕事が忙しいのか、なかなか帰ってくることができないみたいね。

太一　母親が急に息子に会いたくなったのは、年老いた自分に死が近くなったことを意識したからなんだよね。

春菜　そうね。死は誰にとっても逃れられないものだから、和歌の中では[A]と表現されているわ。和歌には母親の気持ちがよく表れているわね。

太一　子どもに会いたいと願う親の気持ちは、昔から変わらないんだな。母親はそれを和歌に詠んで息子に[B]を送っているよ。

春菜　昔の人は、離れている人にそうやって気持ちを伝えていたのね。現代なら、電話や電子メールですぐにできるのにね。

太一　でも、気持ちのこもった和歌を[B]として送るのも、素敵だと思うよ。

A [　　　　　]　B [　　]

〔島根―改〕

2 次の古文を読んで、あとの問いに答えなさい。

おなじ帝の御時、*躬恒を召して、月のいと①おもしろき夜、②御遊びなどありて、月を弓はりといふは、なにの心ぞ。その③よしつかうまつれと④おほせたまうければ、*御階のもとにさぶらひて、⑤つかうまつりける。

照る月を弓はりとしもいふことは山べをさして*いればなりけり

（「大和物語」）

＊躬恒＝凡河内躬恒(平安時代の歌人)。　＊御階＝宮殿の階段。
＊いれ＝「入れ」と「射れ」の掛詞。

(1) ――線部①「おもしろき」、②「御遊び」、③「よし」のここでの意味を答えなさい。

①（　　）　②（　　）
③（　　）

(2) ――線部④「おほせたまうければ」とあるが、このときの帝の発言部分を文中から抜き出し、はじめと終わりの三字を答えなさい。

[　　　]～[　　　]

(3) ――線部⑤「つかうまつりける」を現代仮名遣いに直しなさい。

（　　）

(4) この文章に続く部分で歌を聞いてそのおもしろさに感心した帝は、躬恒にほうびを与えた。歌のおもしろさの説明として最も適切なものを次から選び、記号で答えなさい。

ア 山からゆっくりと昇っていく半月を、矢を放つ弓にたとえたこと。
イ 半月が山に沈むまでの時間の経過を、飛ぶ矢の速さにたとえたこと。
ウ 夜ごとに月が形を変える様子を、矢を射るときの弓にたとえたこと。
エ 山に向かって沈む半月を、山に向けて矢を射る弓にたとえたこと。

（　　）〔奈良―改〕

時間 25分　合格点 80点　得点　点

解答▼別冊8ページ

月　日

1 次の古文を読んで、あとの問いに答えなさい。

ある時、川のほとりに、狐、魚を食ひける折節、狼、飢ゑに臨んで歩み来たれり。狐に申すやう、「その魚を少し与へよ。餌食になしてむ」と言ひければ、狐申しけるは、「あなおそれ多し。我が余を奉る（私の食べ残しをさし）べしや（あげるわけにはいかない）。籠を一つ持ち来たらせ給へ。魚を取りて参らせむ」とⓐ言ふ。狼ここかしこに駆けまはつて、籠を取りてぞ来たりける。狐教へけるやうは、「この籠を尾に付けて、川の真ん中を泳がせ給へ。後より魚を追い入れむ」と言ふ。狼、籠をくくり付けて、川を下りにⓑ泳ぎける。①狐後より石を取り入れければ、次第に重くて、一足も引かれず。狼、狐に申しけるは、「魚の入りたるか、ことの外に重くなりて、一足も引かれず」と言ふ。狐申しけるは、「さん候ふ。ことの外に魚の入りて見え候ふ程に、我が力にては引き上げがたく候へば、獣を雇ひて（獣を連れて）こそ参らめ（参りましょう）」とて、陸に上がりぬ。狐あたりの人々に申し侍るは、「かのあたりの羊を食らひたる狼こそ、ただいま川中にて魚を盗み候へ」とⓒ申しければ、我先にとⓓ走り出で、散々に打擲しける。

（「伊曾保物語」）

(1) ━線部ⓐ～ⓓの主語として、最も適切なものをそれぞれ次から選び、記号で答えなさい（同じ記号を何度使ってもかまいません）。（10点×4―40点）

ア 狐　イ 狼　ウ 羊　エ 魚　オ 人々

ⓐ（　　）　ⓑ（　　）　ⓒ（　　）　ⓓ（　　）

記述 (2) ━線部①について、狐が石を入れた目的は二つある。それはどのようなことか説明しなさい。（10点×2―20点）

（　　　　　　　　）

（　　　　　　　　）

記述 (3) この話では狼は最後どうなったかを説明しなさい。（10点）

（　　　　　　　　）

〔関西学院高〕

2 次の古文を読んで、あとの問いに答えなさい。（出題の関係上、本文を一部改めた部分がある。）

＊受領より＊宰相まで成りのぼれる人あり、あくまで［A］して、銭一つをも妻子に与へず、はかりなき大事のものにぞしける。さる故に家富みて、米のくらまち、黄金のくらまちと、＊うらうへに建てつづけ居たりける。冬の節分の夜、此家のはひりに、＊窮鬼入来て、奥ざまを見やりてうかがひ居り。この家あるじは、年頃＊毘沙門を信じければ、今宵も＊みあかし参らせ、＊酒しとぎなど奉りて、あがめまつりけり。斯かるに、毘沙門天、＊ほぐらより飛びおり、はひりの方をにらまへて宣

ひけるは、「この家主は財に富める長者なれば、ⓐ我がともがら皆ここに集りつどふ。さるを窮鬼など此のあたりに近づき来し。＊眷属に仰せて、ひき裂きすてんず」と、怒りをたけびて立ち給ふ。窮鬼＊簀子のもとについ居て、おづおづ申しけるは、「ⓑ我がともがらいかでおまし近く立ち寄り候べき。ましてここは大福長者の家に侍れば、＊まで来べきやうも候はず」とかしこまり申す。「さらば何とて斯う入り来れる」と問ひ給へば、「さる事侍り、この家主無双の物惜しみにて、年頃をへ侍れば、およそ天が下の宝なかばは皆ここもとに集ひぬ。されば此ころ天下に貧しきものあまた出来たること、皆この家主の御徳にて、ⓒ我がともがら所得て＊うけばり誇らはしうののしり侍る。此のよろこび申さんために、すなはちまう来つるなり。あな尊、あなめでた。あが仏あが仏」と、そこら拝みめぐりて、いづこともなく出でて去にけりとぞ人の語りし。まことなりや知らず。

（「しみのすみか物語」）

＊受領＝地方の役人。　＊宰相＝位の高い朝廷の役人。
＊くらまち＝蔵が並んで建っているところ。　＊うらうへ＝裏表。
＊窮鬼＝貧乏神。　＊毘沙門＝毘沙門天。財宝を守る神とされる。
＊みあかし参らせ＝「明かりをおともしして」の意。
＊酒しとぎ＝神前に供える酒と餅。　＊ほぐら＝ほこら。　＊眷属＝従者。
＊簀子＝縁側。　＊まで来＝「入ってくる」の意。
＊うけばり＝「晴れやかに立ち振る舞い」の意。

(1) ══線部ⓐ〜ⓒ「我がともがら」とは、それぞれ誰の仲間のことか。その組み合わせとして最も適切なものを次から選び、記号で答えなさい。（10点）

ア　ⓐ窮鬼　ⓑ窮鬼　ⓒ毘沙門天
イ　ⓐ窮鬼　ⓑ毘沙門天　ⓒ毘沙門天
ウ　ⓐ毘沙門天　ⓑ窮鬼　ⓒ窮鬼
エ　ⓐ毘沙門天　ⓑ毘沙門天　ⓒ窮鬼
オ　ⓐ毘沙門天　ⓑ窮鬼　ⓒ毘沙門天
（　　　）

(2) Ａに入る適切な言葉を文中から五字以内で抜き出しなさい。（10点）

(3) 窮鬼が家主の家にやってきたのはなぜか。その理由として最も適切なものを次から選び、記号で答えなさい。（10点）

ア　家主が地方役人から朝廷の要職にまで出世したことによって、莫大な財産を手に入れていたので、財産を少しでも分けてもらいたいと懇願しようと思ったから。
イ　家主は毘沙門天のための蔵だけではなく窮鬼の蔵も建てたことによって、窮鬼の暮らしぶりがずいぶん良くなったので、一目会って礼を言いたいと思ったから。
ウ　家主が財産を毘沙門天のお供えに使ったことによって、妻子が食べるものにも困る状態にまで陥ったので、家主を懲らしめてやろうと思ったから。
エ　家主は徹底して倹約に努め貯めた資金で慈善活動をすることによって、世の中の貧しい人の数を減らしたので、家主に敬意を表したいと思ったから。
オ　家主が世の中にある財宝の半分を独り占めしたことによって、貧しい人が増え窮鬼が大きな顔をして暮らせる環境になったので、家主に感謝の念を示そうと思ったから。
（　　　）

〔市川高（千葉）―改〕

6 物語②

解答▼別冊9ページ

1 次の古文を読んで、あとの問いに答えなさい。

むかし、男、いとうるはしき友ありけり。かた時さらずあひ思ひけるを、人の国へいきけるを、いとあはれと思ひて、別れにけり。月日経て①おこせたる（よこした）文に、

あさましく（あきれるほど）、対面せで（対面せずに）、月日の経にけること。忘れやしたまひにけむ（お忘れになったのだろうか）と、いたく（ひどく）②思ひわびて（悲しく思って）なむはべる。世の中の人の心は、目離るれば忘れぬべきものにこそあめれ。

と③いへりければ、④よみてやる（歌を詠んで送る）。

ⓐ目離るとも思ほえなくに忘らるる時しなければおもかげに立つ
（離れて会わずにいるとも思えません。あなたを忘れられる時なんて片時だってないので、いつもあなたの面影が現れて、目の前にいます）

（「伊勢物語」）

(1) ══線部「あはれと思ひて」を現代仮名遣いに直し、すべてひらがなで答えなさい。
（　　　　）

(2) ――線部①～④から、主語が他と異なるものを選び、記号で答えなさい。
（　　）

(3) ⓐの和歌は、手紙の中のどのような問いかけに対する返答として詠んだものか。文中から十字で抜き出しなさい。

(4) 文中では「係り結び」が三か所使われている。係助詞をそれぞれ抜き出しなさい。
（　　）（　　）（　　）

（三重―改）

2 次の古文を読んで、あとの問いに答えなさい。

*秀吉、山城の伏見に御座城の時、宇治の住人、何のそれがしとやらんに、御秘蔵の鶴を①預けおかれしに、彼の者、夜日大事にいたしけるに、何としてかは（どういうわけか）、ある時かの鶴籠抜けをして何方ともなく飛行しぬ。彼方此方を②尋ね歩けどもかひなし（無駄だった）。③よしそれとても（そうであっても）隠しおきては（隠しておいたのでは）④後難逃れ難しとて、伏見に参向し、広間に相詰め御出でを相待ち申し、*太閤鷹野に御出での時（太閤が鷹狩においでになる時に）、御機嫌を見合はせ（見計らって）、この事⑤つぶさに言上す。秀吉聞しめし、

「その鶴は*唐国に飛行してやあらん（飛んで行っているのだろうか）」と仰せられしに（とおっしゃったところ）、伺公の面々（秀吉のおそばに仕えている人々が）、

「いや唐土までは飛行つかまつり候ふまじ（飛んで行ってはいないでしょう）、⑥さだめて X の地にこそ⑦ゐまうすべけれ（いるにちがいありません）」

と申し上げければ（と申し上げたところ）、秀吉聞こしめし（お聞きになって）、「さあらば苦しからず（それならば構わない）、 X

の地にいるなれば（にいるのだから）我が飼ひ鶴なり」と仰せられしとなり（とおっしゃったということだ）。

（『仮名草子集』）

＊秀吉＝豊臣秀吉。　＊太閤＝ここでは秀吉のこと。

＊唐国＝日本から中国を指して言う。「唐土」も同じ。

(1) ——線部①「預けおかれしに」・②「尋ね歩けども」の主語として最も適切なものをそれぞれ次から選び、記号で答えなさい。

ア 何のそれがし　イ 伺公の面々

ウ 秀吉　エ 鷹

①（　　）②（　　）

(2) ——線部③「よし」・⑤「つぶさに」・⑥「さだめて」の語の意味として最も適切なものをそれぞれ次から選び、記号で答えなさい。

③「よし」　ア すなわち　イ まして　ウ どこに　エ たとえ

⑤「つぶさに」　ア 優しく　イ 明るく　ウ 詳しく　エ 悲しく

⑥「さだめて」　ア きっと　イ 一定の　ウ しっかりと　エ 決定して

③（　　）⑤（　　）⑥（　　）

(3) ——線部④「後難」の内容として最も適切なものを次から選び、記号で答えなさい。

ア 見つけ出すのが難しくなること。

イ 罪をとがめられること。

ウ 唐国に攻め上ること。

エ 鷹狩りができなくなること。

（　　）

(4) ——線部⑦「ゐまうすべけれ」を、現代仮名遣いに直し、ひらがなで答えなさい。

（　　）

(5) X に入る適切な語を次から選び、記号で答えなさい。

ア 唐国　イ 日本　ウ 山城　エ 宇治

（　　）

(6) この話から読み取れる秀吉の性格として最も適切なものを次から選び、記号で答えなさい。

ア 日本と外国のあらゆるものに純粋な好奇心を示すとても無邪気な性格。

イ 飼っていた鶴のために権力をふるって強引に人を呼びつける傲慢な性格。

ウ 無責任にでたらめな話をして他人を上手くだまそうとする図々しい性格。

エ 天下人らしい巧みなユーモアを用いて家来の過失を許す寛大な性格。

（　　）

〔國學院高－改〕

時間 25分　合格点 80点　得点　点

解答▼別冊10ページ

月　日

1 次の古文は「大鏡」の藤原行成について述べた部分である。これを読んで、あとの問いに答えなさい。

少しいたらぬことにも、＊御魂の深くおはして、＊らうらうじうしなしたまひける＊御根性にて、帝幼くおはしまして、人々に、「遊び物どもまゐらせよ」と仰せられければ、さまざま、金・銀など心を尽くして、いかなることをがなと、風流をし出でて、①持てまゐりあひたるに、この殿は、＊こまつぶり、＊むらごの緒つけて、奉りたまへりければ、「②あやしの物のさまや。こはなにぞ」と問はせたまうければ、「しかじかの物になむ」と③申し、「まはして御覧じおはしませ。④興ある物になむ」と申されければ、＊南殿に出でさせおはしまして、まはさせたまふに、いと広き殿のうちに、のこらず⑤くるべき歩けば、いみじう興ぜさせたまひて、⑥これをのみ、つねに⑦御覧じあそばせたまへば、異物どもは籠められにけり。

（「大鏡」）

＊御魂の深くおはして＝（藤原行成の）才覚が深くおありで。　＊御根性＝ご本性。
＊らうらうじう＝巧みに。気が利いて。
＊こまつぶり＝独楽。　＊むらごの緒＝濃淡の差をつけて染められた紐。
＊南殿＝宮中の建物の一つ。「なでん」とも読む。

(1) ――線部①「持てまゐりあひたる」・③「申し」・⑤「くるべき歩け」・⑦「御覧じあそばせたまへ」の主語をそれぞれ次から選び、記号で答えなさい（同じ記号を何度使ってもかまいません）。（7点×4―28点）

ア 行成　イ 帝　ウ 人々　エ こまつぶり

①（　）　③（　）　⑤（　）　⑦（　）

(2) ――線部②「あやしの物のさま」・④「興ある物」の意味として最も適切なものをそれぞれ次から選び、記号で答えなさい。（6点×2―12点）

②「あやしの物のさま」
ア ありふれた形　イ 恐ろしい形　ウ 素晴らしい形　エ 粗末な形　オ 不思議な形　（　）

④「興ある物」
ア 動きが激しいもの　イ 美しいもの　ウ おもしろいもの　エ 豪華なもの　オ 目立つもの　（　）

(3) ――線部⑥が指すものを文中から抜き出しなさい。（4点）

（　）

(4) 本文から読み取れる行成についての説明として最も適切なものを次から選び、記号で答えなさい。（8点）

ア 考えが及ばないところはなく、事前の準備に最も時間をかけている。
イ 状況のすべてを把握し、いつも周囲から好かれるように振る舞っている。
ウ 何が大切かを見極め、学芸以外のことでも適切に対応する器量がある。
エ 苦手なことに対してもよく努力し、弱点を克服して得意顔をしている。

オ　一つのやり方に最後までこだわり、執念深く追求して成し遂げる。

〔お茶の水女子大附高―改〕

2 **次の古文を読んで、あとの問いに答えなさい。**

常陸守実宗と聞こえし人、医師に尋ぬべきことありて、*雅忠が許に行けりけるに、①「しばし」とて、障子の外にすゑたりけるに、客人饗応しける間に、門より入り来る病人を、かねて顔気色を見て、「これはその病を問ひに来る者なり」といひて、尋ぬれば、まことにしかありけり。その中に、見苦しきこともあり、をかしきこともありて、*え言ひやらねば、「みな心得たり」など言ひて、②つくろふべき*やうなど言ひつつ、あへしらへやりけるに、客人は*有行なりけり。家主杯とりたるを、「とくその御酒召せ。ただ今ゆゆしき地震のふらむずれば、うちこぼしてむず」といふに、「③さしもやは」とや思ひけむ、急がぬほどに、地震おびただしくふりて、はたとひとしき酒をうちこぼしてけり。

④あさましきことども聞きたりとぞ語りける。

（『今鏡』）


*実宗＝藤原実宗。平安時代の公卿。

*雅忠＝丹波雅忠。名医としての名声は中国にまで聞こえていたという。

*え言ひやらねば＝病人が自分の症状をきちんと言うことができないでいると。

*やう＝方法。手段。

*有行＝安倍有行。安倍晴明の子孫。天文・暦数などをつかさどった陰陽寮の教授（陰陽博士）。

記述　難

(1)　――線部①「『しばし』とて、障子の外にすゑたりける」とあるが、雅忠が「しばし」と言って実宗を「障子の外」で待たせていたのはなぜか、説明しなさい。（8点）

（　　　　）

(2)　――線部②「つくろふ」の、この場面での意味を四字で答えなさい。（8点）

□□□□

(3)　――線部③「さしもやは」の解釈として最も適切なものを次から選び、記号で答えなさい。（8点）

ア　まさか今すぐ予言通り地震が起こるはずはあるまい。
イ　地震が起ころうとも酒をこぼすようなことはあるまい。
ウ　もしかしたら予言通り大きな地震が来るかもしれない。
エ　予言通り地震が来るならまずは病人たちを避難させよう。
オ　予言通りだとしてもそれほど大きな地震ではあるまい。

（　　）

重要　記述

(4)　――線部④「あさましきことども」とはこの話ではどのようなことを指しているか。それぞれ二十字以内で「こと」に続くよう二点説明しなさい。（12点×2―24点）

□□□□□□□□□□□□□□□□□□□□ こと。

□□□□□□□□□□□□□□□□□□□□ こと。

〔渋谷教育学園幕張高―改〕

7 物語 ③

1 次の古文を読んで、あとの問いに答えなさい。

＊桂のみこに＊式部卿の宮すみたまひける時（通っていらっしゃった時）、その宮にさぶらひける（お仕えしていた少女が）＊うなゐ、この男宮をいとめでたし（たいそうすばらしい）と思ひかけ奉りたりける（お慕い申し上げていたことも）をも、ⓐえ知りたまはざりけり。蛍の飛びありきけるを、「ⓑかれとらへて」とこの童にのたまはせければ（おっしゃったので）、＊汗衫の袖に蛍をとらへて、包みて、ⓒ御覧ぜさすとて（見せしようとして）、聞こえさせける（申し上げた）。

つつめども（包んでも）かくれぬものは夏虫の身よりあまれるⓓおもひなりけり

（「大和物語」）

＊桂のみこ＝桂宮に住む宇多天皇の皇女のこと。
＊式部卿の宮＝敦慶親王のこと。
＊うなゐ＝子供の髪形のこと。転じて子供自身を指す。ここでは十代の少女。
＊汗衫＝平安時代、初夏に童女などが着る服。

(1) ——線部ⓐ「え知りたまはざりけり」について、あとの問いに答えなさい。

① 主語を次から選び、記号で答えなさい。

ア 桂のみこ　イ 式部卿の宮
ウ うなゐ　エ 蛍

（　　）

② 現代語訳として最も適切なものを次から選び、記号で答えなさい。

ア 気づいていないふりをなさっていた。
イ 気づこうともなさらなかった。
ウ 気づきなさることができなかった。
エ 気づいてはいけないと思いなさった。

（　　）

(2) ——線部ⓑ「かれとらへて」とあるが、「かれ」とは何を指すか。文中から抜き出しなさい。

（　　）

(3) ——線部ⓒ「御覧ぜさすとて」とあるが、誰に何を見せようとしたのか。説明しなさい。 記述

（　　）

(4) ——線部ⓓ「おもひ」とあるが、この和歌においてこの言葉は二つの意味を持つ。このことを次のようにまとめた。□に入る適切な言葉を二字で答えなさい。なお□には同じ言葉が入る。

夏虫（蛍）を包んでも漏れ出る「おもひ」と読めば、これは蛍の光だと分かる。つまり、「ひ」＝「火・光」のことで、これが一つ目の意味である。しかし、隠そうとしても隠しきれないものがもう一つある。それはこの和歌を詠んだ少女の式部卿の宮を恋慕する「□」である。まとめると、「蛍の光が漏れ出るように、隠していたあなたへの□が自然とあふれてしまうのです」という歌となる。

□□

(5) 「大和物語」は平安時代に成立した作品である。次の中で成立したのが平安時代ではない作品はどれか。記号で答えなさい。

ア　伊勢物語　　イ　保元物語
ウ　源氏物語　　エ　宇津保物語

（　　　）

〔開智(埼玉)―改〕

2　次の古文を読んで、あとの問いに答えなさい。

さるほどに*法皇は、「とほき国へもながされ、はるかの島へもうつされんずるにや」と仰せけれども、城南の離宮にして、今年は二年にならせ給ふ。

*同五月十二日、午の刻ばかり、御所中にはいたちおびたたしうはしりさわぐ。法皇大きに驚きおぼしめし、御*占形を*あそばいて、近江守仲兼、其比はいまだ*鶴蔵人と召されけるを①召して、「この占形もつて、泰親がもとへゆけ。きつと勘へさせて、*勘状をとつて参れ」とぞ仰せける。仲兼これを給はつて、陰陽頭安倍泰親がもとへゆく。をりふし宿所にはなかりけり。「白河なる所へ」とⓐいひければ、それへたづねゆき、泰親にあうて、*勅定のおもむき仰すれば、やがて勘状をⓑ参らせけり。仲兼、鳥羽殿にかへり参つて、門より参らうどすれば、守護の武士どもゆるさず。*案内は知つたり、*築地をこえ、大床のしたをはうて、きり板より泰親が勘状をこそ、ⓒ参らせたれ。法皇これをあけてⓓ御覧ずれば、「いま三日がうちの御悦、ならびに御嘆」とぞ申したる。法皇、「御よろこびはしかるべし。これほどの御身になつて、又いかなる□のあらんずるやらん」とぞ仰せける。

（「平家物語」）


*法皇＝後白河法皇のこと。平清盛によって、城南の離宮（鳥羽殿）に幽閉（閉じこめること）をされていた。

*同＝同じ年の。

*占形＝占いで鹿の骨や亀の甲を焼いて現れた割れ目などの形。この形をもとにして吉凶を判断する。

*あそばいて＝なさって。

*鶴蔵人と召されけるを＝鶴蔵人と呼ばれていたのを（蔵人は役職名）。

*勘状＝占形によって考えた結果を書き記したもの。

*勅定＝法皇の命令。　*案内＝建物のようす。　*築地＝土塀。

(1)　文中の――線部①「召して」とあるが、これと主語が同じものを、文中の＝＝線部ⓐ～ⓓから選び、記号で答えなさい。（　　　）

(2)　文中の□に入る適切な言葉を文中から二字で抜き出しなさい。

(3)　本文の内容と合うものを次から選び、記号で答えなさい。

ア　幽閉生活が二年に及んだ法皇は、いたちの騒動が気にかかり、仲兼を遣わして泰親に勘状を書かせたところ、短期間のうちに吉凶の両方が現れるという結果を手にした。

イ　幽閉生活が二年に及んだ法皇は、この生活が続くことの耐え難さと遠方に流されるかもしれない不安から、いたちにまでおびえ、占いの力に頼るようになっていった。

ウ　幽閉生活が二年に及んだ法皇は、単調な毎日を過ごしていたので、いたちの騒動に関心を寄せて泰親に勘状を書かせたが、退屈な日々に変化が起きる予兆はなかった。

エ　幽閉生活が二年に及んだ法皇は、いたちの騒動が起きて仲兼に泰親のもとへ勘状をもらいに行かせたが、仲兼が法皇の期待した通りに行動しなかったので失望した。

（　　　）

〔高知〕

Step A Step B Step C

月　日

時間 25分　合格点 80点　得点 　点

解答▼別冊12ページ

1 次の古文は、西に逃げていく平家を追う源氏方の様子を描いた場面である。これを読み、あとの問いに答えなさい。

十六日、*渡辺、神崎両所にて、この日ごろ(数日)そろへける舟ども、*ともづなすでにとかんとす。をりふし北風木を折ってはげしう吹きければ、大浪に舟どもさんざんにうち損ぜられて、①いだすに及ばず。修理のために其日はとどまる。

渡辺には*大名小名寄りあひて、「そもそも舟軍の様はいまだ調練せず。いかがあるべき(どうしたらよいだろうか)」とⓐ評定す。*梶原申しけるは、「今度の合戦には、舟に*逆櫓をたて候はばや(逆櫓を付けたいところです)」。*判官、「逆櫓とはなんぞ」。梶原、「馬は駆けんと思へば、弓手へも馬手へも(左へも右へも)まはしやすし。舟はきっと(すばやく)おしもどすが大事に候ふ。*艫舳に櫓をたてちがへ、脇楫をいれて(脇にも楫を付けて)、どなたへもやすう押すやうにし候はばや(押すようにしたいものです)」と申しければ、判官のたまひけるは、「いくさといふ物は、一引きも引かじと思ふだにも(思う時でさえも)、ⓑあはひあしければ引くは常の習なり。もとより逃げまうけしてはなんのよかるべきぞ。まづ門出のあしさよ。逆櫓をたてんとも、*かへさま櫓をたてんとも、殿ばらの舟には百挺千挺もたて給へ。義経はもとの櫓で候はん」とのたまへば、梶原申しけるは、「よき大将軍と申すは駆くべき(攻める)処をば駆け、引くべき処をば引いて、身をまったうしてかたきをほろぼすをもって、よき大将軍とはする候ふ。②片趣なるをば、猪のしし武者とて、よきにはせず」と申せば、判官、「猪のしし、鹿のししは知らず、いくさはただ平攻に攻めて、勝ったるぞ心地はよき」とのたまへば、侍ども、梶原におそれてたかくは笑はねども、目ひき鼻ひき、ぎぎめきあへり(ひしめきさわぎあった)。

(「平家物語」)

*渡辺、神崎＝ともに摂津の国の地名。　*ともづな＝舟の後ろ側である艫の部分に結んだ綱。　*大名小名＝兵を有する御家人たち。
*梶原＝源氏方の御家人の梶原景時。　*逆櫓＝「櫓」は舟を操作する道具。普通、舟の後方部分にあるが、逆櫓はこれを前方部分にも付けるということ。
*判官＝源義経。　*艫舳＝艫は舟の後方、舳は舟の前方のこと。
*かへさま＝上下や前後、表裏などが逆のこと。

(1) ――線部①「いだすに及ばず」とはどのような意味か。(15点)

(　　　　)

(2) ══線部ⓐ「評定す」・ⓑ「あはひ」の文中での意味として最も適切なものをそれぞれ次から選び、記号で答えなさい。(5点×2―10点)

ⓐ「評定す」
ア 恐れる　イ 決める　ウ 話し合う
エ 見極める　オ ためらう　(　　)

ⓑ「あはひ」
ア 状況　イ 人材　ウ 気分　エ 間隔　(　　)

(3) ——線部②「片趣」とあるが、どういうことか、具体的な内容に触れながら説明しなさい。(25点)

〔開成高〕

2 次の古文を読んで、あとの問いに答えなさい。

＊京大仏に浪人あり。ある時狐を＊つりそめて、かずかず捕りけり。一の橋、今熊野、法性寺のほとり、おほかた輪縄かけぬ所なし。このあたりに毛色もかはる老の狐あり。輪縄の餌にこがるれども、合点してかからず。①合点してもまた寄る。いづれこらへかねたる躰には見えたり。浪人もたびたびなれば、この狐を見知りて、「いつぞはつらん」と思ひ、輪縄やまずもかけたり。

またそのころ＊大仏の在家に、端少し借りて学問をする＊台家の僧あり。この人ある深更に＊帙をひらき、見台にして博覧するに、ぞと怖くなる。やがて火影にかへりみれば、＊綿ぼしかぶれるばばあり。ふしぎに思ひ、「何ものぞ」と言へば、「われはこのあたりにすむ狐にてさふらふが、頼みたきいはれさふらひてまゐりたり」と言ふ。僧聞きて、「いかなる事ぞ」と言へば、狐の云はく、「御僧の知り給ふ、その浪人ありて、輪縄をかけてわが＊眷属おほかたつり、われのみ残れり。知らず、われもまたいつかつられん。ねがはくは御僧いましめて、輪縄かけぬやうにきかせ給へ。しからば、われおぼえさうらふとほりの学問、＊大小乗ともに御僧にさとさしめん。②この約束せんためにまゐりたり」と言ふ。僧聞きて、「やすき事なり。輪縄の事はわれせちにとめなん」と言ふ。「明けなば輪縄やめしめ給へ」とて、狐は諾して去りけり。

僧翌日かの＊浪人のがり行くに、外へ出る。またの日行かんとするに、僧の旅屋に客あり。その＊亜の日行きて、浪人に語る。浪人聞きて「それはゆふべつりたり。年ごろかかりがたかりしが、さては＊御袖まで約束し、輪縄ははやなしと心ゆりてかかりつらん」と言ふ。僧「③さてはわれ殺したり」と涙流しあきれて帰りしなり。

（『御伽物語』）

＊京大仏＝京都市にある方広寺。　＊つりそめ＝「つる」はおびき寄せて捕まえること。「そむ」は始める意。
＊台家＝天台宗。　＊帙＝書物を覆い包んで保護する道具。　＊大仏の在家＝方広寺の近隣の民家。
＊綿ぼし＝真綿で作った平たいかぶりもの。　＊眷属＝一族。
＊大小乗＝大乗仏教と小乗仏教。　＊浪人のがり＝浪人のもとへ。
＊亜の日＝次の日。　＊御袖まで＝あなたと。

(1) ——線部①「合点して」とあるが、何を「合点」したのか。説明しなさい。(10点)

(2) ——線部②「この約束せんためにまゐりたり」とあるが「この約束」とはどんなことか。説明しなさい。(15点)

重要 (3) ——線部③「さてはわれ殺したり」とあるが、僧がこのように思ったのはなぜか。説明しなさい。(25点)

〔愛光高－改〕

月　日

時間 25分　合格点 80点　得点　点

解答▼別冊14ページ

1 次の古文を読んで、あとの問いに答えなさい。（出題の関係上、本文を一部改めた部分がある。）

〈不誠実である正太郎は故郷の妻を見捨てて新しい恋人と駆け落ちし、いとこの彦六を頼りにして暮らしていた。その後、妻は正太郎への強い恨みによって鬼となり、正太郎の恋人を呪い殺し、正太郎の命もねらうようになってしまう。正太郎は物事の吉凶を占う陰陽師に相談し「今日から四十二日間は家にこもり外に出てはいけない」との助言を受けた。〉

明くれば夜のさまを語り、暮るれば明くるを慕ひて、この月日ごろ千歳を過ぐるよりも久し。かの鬼も夜ごとに家をめぐり、あるは屋の棟にⓐ叫びて、怒れる声夜ましにすざまし。かくして四十二日といふその夜にいたりぬ。今は一夜にみたしぬれば、ことに慎みて、やや＊五更の空もしらじらと明けわたりぬ。長き夢のさめたるごとく、やがて彦六をよぶに、壁によりて「いかに」と答ふ。「おもき物いみ＊もすでに満ぬ。絶て＊兄長の面を見ず。なつかしさに、かつこの月ごろの憂さ怖ろしさを心のかぎりいひなぐさまん。眠さまし給へ。我も外の方に出でん」といふ。彦六用意なき男なれば、「今は何かあらん。いざこなたへわたり給へ」と、戸を開くる事半ばならず、となりの軒に「あなや」と叫ぶ声耳をつらぬきて、思はず＊尻居にⓑ座す。

こは正太郎が身のうへにこそと、斧引提げて①大路に出づれば、②明けたるといひし夜はいまだくらく、月は中空ながら影＊朧々として、風冷やかに、さて正太郎が戸は開けはなしてその人は見えず。内にや逃げ入りつらんと走り入りて見れども、いづくにかくるべき住居にもあらねば、大路にやⓒ倒れけんともとむれども、そのわたりには物もなし。

（「雨月物語」）

＊五更＝午前四時から午前六時頃の時間帯のこと。
＊物いみ＝一定期間、ある物事を不吉として避けること。ここでは家にこもり外に出ないこと。
＊兄長＝年上の親しいものを示す語。
＊尻居＝尻もちのこと。　＊朧々＝ぼんやりと明るい様子。

(1) ══線部ⓐ〜ⓒの主語として最も適切なものをそれぞれ次から選び、記号で答えなさい（同じ記号を何度使ってもかまいません）。（6点×3―18点）

ア 正太郎　イ 彦六　ウ 新しい恋人　エ 鬼
オ 陰陽師

ⓐ（　）ⓑ（　）ⓒ（　）

(2) 記述 ――線部①「大路に出づれ」とあるが、その理由を説明しなさい。（12点）

（　）

(3) 記述 ――線部②「明けたるといひし夜はいまだくらく」とはどういうことか、説明しなさい。（12点）

（　）

(4) 本文の内容に合うものを次から選び、記号で答えなさい。（8点）

ア 外に出たと思わせ屋内に隠れることで、正太郎は鬼から逃れることができた。

イ　鬼は一日中、正太郎の家の周りをうろついて怒りの声を上げ続けていた。
ウ　危険を察知した正太郎が急いで扉を開けたが、そこに彦六の姿はなかった。
エ　正太郎は、陰陽師の言いつけを守れず、自身を危険にさらすことになった。
オ　彦六の冷静な判断によって、正太郎はなんとか危機を避けることができた。

（　　　）

〔西大和学園高〕

2　次の古文を読んで、あとの問いに答えなさい。

与三右衛門といへる人、はじめはわづかの家業なりしが、自然の仕合はせ見えしは、有る時、ふりつづきたる五月雨の比、長堤も高浪越して、里人太鼓をひびかせ、人足を集め此の水をふせぐに、小橋はつねさへ渕なるに、①けふのけしきのすさまじく、阿波の鳴門を目前に、渦のさかまく其の中より、小山程なるくろき物びつと浮き出で、行く水につれてながれしを、見る人「鳥羽の②車牛ならん」と指さしけるに、牛には大きすぎたるに心を付け③是れを跡よりしたひ行くに、渚の岸根なる松にかかりて留りけるを、立ちよりみれば、としとし四十八川の谷々より流れかたまりし漆なり。是れ天のあたへとよろこび、くだきて上荷船にて取りよせ、ひそかに売りける程に、此のひとつのかたまり千貫目*にあまり、④此の里の長者とは成りぬ。これらは才覚の分限にはあらず、てんせいの仕合はせなり。おのづと金がかねまうけして、其の名を世上にふれける。

（「日本永代蔵」）

＊千貫目＝約十三億円。

記述　(1)　――線部①「けふのけしき」とあるが、これは何のどういう様子を表しているか。分かりやすく説明しなさい。（10点）

（　　　）

(2)　――線部②「車牛ならん」とあるが、この現代語訳として最も適切なものを次から選び、記号で答えなさい。（8点）

ア　車をひかせる牛であるだろう
イ　車をひかせる牛ではないようだ
ウ　車をひかせる牛として使えないだろうか
エ　車をひかせる牛にはもうなれない
オ　車をひかせる牛かはわからない

（　　　）

記述　(3)　――線部③「是れを跡よりしたひ行く」とあるが、誰がなぜこのようなことをしたのか。分かりやすく説明しなさい。（12点）

（　　　）

難　記述　(4)　――線部④「此の里の長者とは成りぬ」とあるが、「与三右衛門」が「此の里の長者」になれた理由について作者はどう考えているか。それを説明した次の文のA・Bを、それぞれ五字以上十字以内の適切な現代語で答えなさい。（10点×2―20点）

Aによるものではなく、Bによるものであると考えている。

A
B

〔久留米大附高〕

8 説話①

月　日

①登場人物を把握する（さまざまな階級の人間、動物や神仏など）。
②起きている出来事（あらすじ）を押さえる（起承転結、登場人物の展開に注意）。
③人物の言動や出来事の展開・結末から導かれる教訓を読み取る。

例題　次の古文を読んで、①登場人物　②出来事（あらすじ）　③教訓の三点を押さえよう。

沙門長義は、奈良の右京の薬師寺の僧なり。宝亀三年（七七二年）の間に、長義の目眼闇く盲ひたり。五月ばかりを経て日夜恥ぢ悲び、衆の僧を屈請へ、三日三夜に金剛般若経を読誦ましむ（読経させる）。すなはち目開明きて本の如く平ゆ。般若の験の力其れ大に高きかな。深く信ひ願を発せ。願ひて応へずといふこと無きが故に。

（「日本霊異記」）

①登場人物…長義（薬師寺の僧）。
②出来事（あらすじ）…失明した長義は、寺の僧たちに金剛般若経を読ませたところ、元のように目が見えるようになった。
③教訓…経の霊験（御利益）は偉大である。仏教を深く信仰して祈願すれば、報われないということはない。

1　次の古文を読んで、あとの問いに答えなさい。　解答▼別冊15ページ

今は昔、＊藤六といふ歌読み、下衆の家に入りて、人もなかりける折を見つけて入りにけり。鍋に煮ける物を、すくひ食ひける程に、家主の女、水を汲みて、おほぢの方より来て見れば、かく①すくひ食へば、「いかに、かく人もなき所に入りて、かくはする物をばまいるぞ、あなうたてや、藤六にこそいましけれ。②さらば歌詠み給へ」と言ひければ、

むかしより＊阿弥陀仏の誓ひにて煮ゆる物をばすくふとぞ知る

とこそ詠みたりけれ。

（「古本説話集」）

＊藤六＝藤原輔相のこと。歌人として有名な人物であった。
＊阿弥陀仏＝阿弥陀仏はすべての人々を救済するという誓いによって、地獄の釜で煮られる罪人を救うとされている。

(1) ――線部①「すくひ食へば」とあるが、その主語として最も適切なものを次から選び、記号で答えなさい。
ア 藤六　イ 下衆　ウ 家主の女　エ 阿弥陀仏
（　　）

(2) ――線部②「さらば歌詠み給へ」とあるが、このように言った理由として最も適切なものを次から選び、記号で答えなさい。
ア なんとかして他人の詠む歌を理解したいと思ったから。
イ 歌によって仏のありがたみを感じたいと思ったから。
ウ 声のかけ方がわからず、歌でごまかそうと思ったから。
エ とっさに歌を詠めるのかを確かめたいと思ったから。
（　　）

(3) 文中の和歌「むかしより阿弥陀仏の誓ひにて煮ゆる物をばすくふとぞ知る」の説明として最も適切なものを次から選び、記号で答えなさい。

ア 阿弥陀仏が地獄の釜で煮られる罪人を救うように、煮物もすくっていたはずだと詠んでいる。

イ 阿弥陀仏が煮物をすくっていたと知っていたので、自分も煮物をすくっていると詠んでいる。

ウ 阿弥陀仏が地獄の釜で煮られる罪人を救うように、自分も罪人を救っていると詠んでいる。

エ 阿弥陀仏が地獄の釜で煮られる罪人を救うように、自分も煮物をすくっていると詠んでいる。

（　　）〔高田高〕

2 次の古文を読んで、あとの問いに答えなさい。

これも今は昔、南京の永超僧都は、魚なき限は、時、非時もすべて食はざりける人なり。*公請勤めて、在京の間久しくなりて、魚を食はで、*くづほれて下る間、奈島の丈六堂の辺にて、*昼わりご食ふに、弟子一人近辺の在家にて、魚を乞ひて、勧めたりけり。*件の魚の主、後に夢に見るやう、恐ろしげなる者ども、その辺の在家を①しるしけるに、我が家しるし除きければ、尋ねぬる所に、②使の曰く、「永超僧都に魚を*奉る所なり。さてしるし除く」といふ。その年、この村の在家、ことごとく疫をして、死ぬる者多かりけり。その魚の主が家、ただ*一宇、その事を免るによりて、僧都のもとへ参り向ひて、この由を申す。僧都この由を聞きて、*被物一重賜びてぞ帰されける。

（「宇治拾遺物語」）

＊公請＝勅令によって法会の講師となること。　＊くづほれて＝ぐったりして。
＊昼わりご＝昼の弁当。　＊件の＝例の。　＊奉る＝差し上げる。
＊一宇＝一軒。　＊被物一重賜びて＝引出物の衣類一揃いをお与えになって。

記述 (1) ——線部①「しるしける」とあるが、何のためにしるしをつけたのか。「〜ため」に続くように、十字以内で説明しなさい。

ため。

(2) ——線部②「使」と同じ内容を示している部分を十字以内で抜き出しなさい。

(3) 本文の内容と合うものとして最も適切なものを次から選び、記号で答えなさい。

ア 魚が手に入らない時に、弟子は僧都のために特別な食事を用意した。

イ 僧都に魚を差し上げた人は、その行いから仏の御利益があった。

ウ 僧都を見習って魚のみを食べることで、村人たちは疫病を免れた。

エ 僧都は、自分の教えを守った村人に対して自分の着物を与えた。

（　　）〔共立女子第二高〕

時間 25分　合格点 80点　得点　点

月　日

解答▼別冊16ページ

1 次の古文を読んで、あとの問いに答えなさい。

伊予の入道は、をさなくより絵をよく書き侍りけり。父①うけぬ事になん思へりけり。＊無下に幼少の時、父の家の中門の廊の壁に、かはらけの＊われにて不動の立ち給へる[A]を書きたりける[B]を、客人誰とかや＊慥かに聞きしをⓐ忘れにけり、これを見て、「たがかきて候ふにか」と、ⓑおどろきたるⓍ気色にて問ひければ、②あるじうちわらひて、「これはまことしきもののかきたるに候はず。愚息の小Ⓨ童が書きて候」とⓒいはれければ、③いよいよ尋ねて、「然るべき天骨とはこれを申し候ふぞ。④この事制し給ふ事あるまじく候」となんいひける。げにもよく絵ⓓ見知りたる人なるべし。

（「古今著聞集」）

＊無下に＝ずいぶん。　＊われ＝破片。
＊慥かに聞きしを＝確かに聞いたはずなのだけれども。

(1) ══線部Ⓧ・Ⓨの読みを、それぞれ現代仮名遣いのひらがな三字で答えなさい。（3点×2—6点）

Ⓧ（　　）　Ⓨ（　　）

(2) 〰〰線部ⓐ〜ⓓの主語をそれぞれ次から選び、記号で答えなさい（同じ記号を何度使ってもかまいません）。（4点×4—16点）

ア 伊予の入道　イ あるじ　ウ 客人　エ 作者

ⓐ（　）ⓑ（　）ⓒ（　）ⓓ（　）

(3) [A]・[B]に入る適切な形式名詞をそれぞれ次から選び、記号で答えなさい。（4点×2—8点）

ア とき　イ さま　ウ もの　エ こと

A（　）　B（　）

(4) ――線部①「うけぬ事」の意味として最も適切なものを次から選び、記号で答えなさい。（6点）

ア 受け止めきれないこと
イ 信じられないこと
ウ 笑えないこと
エ 好ましくないこと

（　）

(5) ――線部②「あるじ」と同一人物を表す語を文中から抜き出しなさい。（8点）

（　）

(6) ――線部③「いよいよ尋ねて」とあるが、ここから読み取れる「客人」の心情について説明したものとして最も適切なものを次から選び、記号で答えなさい。（8点）

ア 「愚息の小童」の幼さに驚嘆し、その人間性を調べようとしている。
イ 「愚息の小童」の非凡さを見抜き、その才能に興味を持っている。
ウ 「愚息の小童」の魅力に気づき、もっとその人柄を知りたいと思っている。
エ 「愚息の小童」の無邪気さに触れ、その父にも近づこうとしている。

（　）

記述

(7) ――線部④「この事」とは、どのようなことか。十字以内で説明しなさい。ただし、句読点等も字数に含める。（10点）

〔城北高（東京）〕

2 次の古文を読んで、あとの問いに答えなさい。

今は昔、小松の僧都と申す人おはしけり。まだ小法師にての折、山*より鞍馬へ参り給ひけり。「三日ばかり参らん」とて、「同じくは七日参らん」とて、参り給ふ程に、三七日に延べて、「同じくは夢など見るまで」とて、百日参り給ふ程に、夢見ねば、二三百日参りて、同じくは千日参るに、夢見えねば、「さりとては①いかでかさるやうはあらん」とて、二千日参る程に、なほ夢見えねば三千日参り歩くに、夢見えず。はかばかしくなるとおぼゆることもなし。「縁こそはおはしまさざるらめ。この御寺見むこと、ただ今宵ばかりなり。ただ三千日、ことなく参り果てたるをにてあらん」とて、②行ひもせず、額もつかで、苦しければ、より臥して、よく寝入りにけるに、夢に見るやう、御帳の帷を引き開けて、「まことにかく年来参り歩きつるに、いとほし。これ得よ」とて、物を賜べば、左右の手を広げて給はれば、白き米を*ひと物入れさせ給へりと見て、驚きて、手を見れば、まことに左右の手にひと物入りたり。「あないみじ」と思ひて、「夢見ては、疾くこそ出づなれ」とて、やがて出づるに、後にそよと鳴りて、人の気色、足音す。「あやし」と思ひて、見返りたれば、*毘沙門の、矛を持ちて送り給ふなりけり。御顔をば外様に向けて、矛して、疾く行けとおぼしくて、突かせ給ふと見て、急ぎて出でにけり。

（「古本説話集」）

＊山＝比叡山。　＊ひと物＝いっぱい。　＊毘沙門＝毘沙門天のこと。

(1) ――線部①「いかでかさるやうはあらん」とあるが、その解釈として最も適切なものを次から選び、記号で答えなさい。（10点）

ア　どうして鞍馬寺へこれ以上参らなければならないのだろうか。いや、参る必要はない。

イ　どうして鞍馬寺から比叡山に戻らなければならないだろうか。いや、戻る必要は全くない。

ウ　どうして千日参るだけで十分だということがあるだろうか。いや、千日では十分でない。

エ　どうして全く夢を見ないようなことがあるだろうか。いや、必ず夢を見るはずだ。

（　　）

(2) ――線部②「行ひもせず」とあるが、その解釈として最も適切なものを次から選び、記号で答えなさい。（8点）

ア　夢も見ず　イ　仏道修行もせず　ウ　眠ることもせず

エ　寺を見ることもせず　（　　）

(3) 本文の内容と合うものを次から選び、記号で答えなさい。（20点）

ア　小松の僧都は、三千日も参ったのに、毘沙門天に矛で脅され、怖くなって帰った。

イ　小松の僧都は、夢のお告げを見たいと思い、比叡山から鞍馬寺に三千日参って祈願した。

ウ　小松の僧都は、比叡山で寺に籠って夢を見たので、米を手に入れることができた。

エ　小松の僧都は、眠るたびに夢を見るので、恐ろしくなり、毘沙門天のもとに行った。

（　　）

〔帝塚山学院高―改〕

9 説話②

Step A Step B Step C

月　日

解答▼別冊17ページ

1 次の古文を読んで、あとの問いに答えなさい。

小野宮の右大臣をば、世の人、賢人のおとどとぞ言ひける。納言などにておはしける頃にやありけん。内より出で給ふに、うつつとも無く夢ともなく、車のしりに、白ばみたる物着たる小さき男の、見しとも覚えぬが、はやらかに①歩みて来れば、あやしく、目をかけて見給ふほどに、この男走りつきて、後ろの簾をもちあぐるに、②心得がたくて、「何物ぞ。便なし。罷りのけ」とのたまふに、「閻王の御使ひ、白髪丸にて侍る」と言ひて、すなはち車にをどり乗りて、冠の上にのぼりて失せぬ。

いとあやしく覚えて、帰り給ふままに見やり給へば、□をぞ一すぢ③見出だし給ひたりける。世の人言ふ事なれど正しく証を見て、心に哀れとおぼされけるにや、④もとは道心などおはせざりけるが、これより後世の勤めなど、常にし給ひけるとぞ。

（「発心集」）

(1) ——線部①「歩みて来れば」・③「見出だし給ひたりける」の主語として最も適切なものをそれぞれ次から選び、記号で答えなさい。

ア 小野宮の右大臣　**イ** 小さき男　**ウ** 閻王
エ 世の人　**オ** 作者

①（　　）③（　　）

(2) ——線部②「心得がたくて」の意味として最も適切なものを次から選び、記号で答えなさい。

ア 腹立たしくて　**イ** 理解しがたくて
ウ 恥ずかしくて　**エ** 手に入らなくて
オ びっくりして

（　　）

(3) □に入る適切な言葉を文中から抜き出しなさい。

（　　）

(4) ——線部④「もとは道心などおはせざりけるが、これより後世の勤めなど、常にし給ひけるとぞ」の内容として最も適切なものを次から選び、記号で答えなさい。

ア それほど優秀ではなかったが、夢のお告げを聞いてからは、懸命に働いて高い評価を受けるようになった。

イ 仏道修行に興味はあったが、白髪丸から修行に励むように告げられ、ようやく実行に移す決心がついた。

ウ 世間での評判は低く、来世のことなど考えなかったが、評判が高まるにつれて極楽往生を願うようになった。

エ 世間での評判が高く、仏道修行にも励んでいたのだが、忙しくなりすぎたために修行をやめてしまった。

オ 世間では有能な人物とされていたが、不思議な経験をきっかけに仏道修行に励むようになった。

（京都女子高）（　　）

2 次の古文を読んで、あとの問いに答えなさい。

*博雅三位の家に、盗人入りたりけり。三位、板敷きの下にかくれにけり。盗人帰り、さて後、はひ出ⓐでて家の中を見るに、残りたる①ものなく、みなとりてけり。*篳篥一つを*置物厨子に残したりけるを、三位とりて吹かれたりけるを、出ⓑでてさりぬる盗人、はるかにこれを聞きて、［Ⅰ］おさへがたくして、［Ⅱ］きたりて言ふやう、ただ今の御篳篥の音をうけたまはるに、あはれに②たふとく候ひて、悪心みなあらたまりぬ。とる所の③ものども④ことごとくにかへしたてまつるべし。と言ひて、みな置きて出ⓒでにけり。むかしの盗人は、又かく⑤いうなる心もありけり。

（「古今著聞集」）

＊博雅三位＝広く物事を知っている位の高い知識人。
＊篳篥＝雅楽の楽器であり日本古来の楽舞などの歌曲の伴奏に用いられる。
＊置物厨子＝調度品や書籍などを載せる置き戸棚であり、両開きの扉がついている。

(1) ══線部ⓐ～ⓒ「出で」の中で主語の異なるものが一つある。その記号を選び、主語を文中から抜き出して答えなさい。

記号（　　）　主語（　　）

(2) ──線部①・③「もの」を漢字に直した場合、それぞれどのような漢字にすべきか。最も適切なものを次から選び、記号で答えなさい。

ア ①者　③者　　イ ①者　③物
ウ ①物　③者　　エ ①物　③物

（　　）

(3) ──線部④「ことごとくにかへしたてまつるべし」の現代語訳として最も適切なものを次から選び、記号で答えなさい。

ア すっかり全部お返し申し上げましょう。
イ 別々に分けて返してあげてください。
ウ あらゆる場所にお分けいたしましょう。
エ すべてのものを小分けにしてお返ししよう。

（　　）

(4) ［Ⅰ］に入る適切な言葉を次から選び、記号で答えなさい。

ア 後悔　イ 同情　ウ 感情　エ 不満

（　　）

(5) ［Ⅱ］に入る適切な言葉を次から選び、記号で答えなさい。

ア 嘆き　イ 奪ひ　ウ 取り　エ 帰り

（　　）

(6) ──線部②「たふとく」・⑤「いうなる」を現代仮名遣いに直し、ひらがなで答えなさい。

②（　　）　⑤（　　）

(7) 問題文には盗人の会話文が一つある。その会話文のはじめと終わりの三字を答えなさい。ただし、句読点等は字数に含めない。

□□□～□□□

(8) 「古今著聞集」は鎌倉時代に書かれた説話集である。次から同ジャンルの作品を二つ選びなさい（成立時代は問わない）。

ア 平家物語　イ 宇治拾遺物語　ウ 方丈記
エ 今昔物語集　オ 徒然草

（　　）（　　）

〔千葉日本大第一高〕

月　日

時間	合格点	得点
25分	80点	点

解答▼別冊18ページ

1 **次の古文は、いつも空を見上げているように見える人物について述べたものである。これを読んで、あとの問いに答えなさい。**

（出題の関係上、本文を一部改めた部分がある。また、解答については、句読点等も字数に含める。）

今は昔、中納言藤原忠輔と云ふ人ありけり。この人常に仰ぎて空を見る様にてのみありければ、世の人、これを仰ぎ中納言とぞ付けたりける。

而るに、その人の＊右中弁にて＊殿上人にてありける時に、小一条の左大将済時と云ひける人、＊内に参り給へりけるに、この右中弁に会ひぬ。大将、右中弁の仰ぎたるを見て、戯れて、只今天には何事か侍ると云はれければ、右中弁、＊かく云はれて、少し＊攀縁発りければ、只今天には大将を犯す星なん現じたると答へければ、頗る＊はした無く思はれけれども、戯れなれば＊え腹立たずして、①苦わらひて止みにけり。その後、大将、幾ばくの程を経ずして失せ給ひけり。されば、この戯れの言の為るにや、とぞ②思ひ合はせける。

人の命を失ふ事は、皆＊前世の報とは云ひながら、由無からん戯れ言云ふべからず。かく思ひ合はする事もあればなり。

右中弁は、その後久しくありて、中納言まで成りてありけれども、尚③その異名失せずして、世の人、わらひけるとなんかたりつたへたるとや。

（「今昔物語集」）

＊右中弁＝役職名。　＊殿上人＝天皇の側に行くことを許された人。
＊内＝天皇のいる御所。　＊かく＝このように。　＊攀縁発りければ＝腹立たしかったので。　＊はした無く思はれけれども＝不快に思われたが。
＊え腹立たずして＝腹も立てられず。
＊前世の報＝前世での善行や悪行が、現世に影響を与えること。

(1) ――線部①「苦わらひて止みにけり」の主語を、次から選び、記号で答えなさい。（10点）

ア 世の人　イ 右中弁藤原忠輔　ウ 左大将済時
エ 作者
（　　）

記述

(2) ――線部②「思ひ合はせける」は思い当たって後悔するという意味である。右中弁はどのようなことについてそう感じたのか。五十字以内で答えなさい。（30点）

(3) ――線部③「その異名」とは何か。文中から五字で抜き出しなさい。（10点）

重要 (4) この作者の主張が書かれている部分を文中から十四字で抜き出しなさい。（15点）

〔京都産業大附高—改〕

2 次の古文を読んで、あとの問いに答えなさい。

われ、その能ありと思へども、人々に*ゆるされ、世に所置かるるほどの身ならずして、人のしわざも、ほめむとせむことをも、いささか用意すべきものなり。

*三河守知房*所詠の歌を、*伊家弁、感歎して、「優によみ給へり。」といひけるを、知房、腹立して、「*詩を作ることはかたきにあらず。和歌のかたは、すこぶるかれに劣れり。これによりて、かくのごとくいはるる。もつとも*奇怪なり。今よりのち、和歌をよむべからず。」といひけり。

優の詞も、ことによりて*斟酌すべきにや。

これはまされるが、申しほむるをだに、かくとがめけり。いはむや劣らむ身にて褒美、なかなか、かたはらいたかるべし。よく心得て、*心操をもてしづむべきなり。

人の善をもいふべからず。いはむや、その悪をや。このこころ、もつとも*神妙か。

（「十訓抄」）

*ゆるされ＝認められて。　*三河守知房＝藤原知房。平安時代の役人。
*所詠＝～の詠んだ。　*伊家弁＝藤原伊家。平安時代の歌人。
*奇怪なり＝我慢できないことだ。　*斟酌＝あれこれと加減すること。　*詩＝漢詩。
*心操＝心構え。　*神妙＝深い趣。

(1) ——線部「かくのごとく」が指す内容として最も適切なものを次から選び、記号で答えなさい。（10点）

ア 素晴らしく和歌をお詠みになった。
イ 人々から認められる立場になった。
ウ 漢詩を作るのはそれほど難しくない。
エ 和歌を詠む力がたいそう劣っている。

（　　）

(2) 本文の内容と合うものを次から選び、記号で答えなさい。（20点）

ア 力量の劣る人は、簡単に人をほめることがあるので、人の善いところも悪いところも真に受けてはいけない。
イ 力量の勝る人に評価されると思い上がってしまうので、人の善いところを口にする際は注意が必要である。
ウ 力量の勝る人がほめるのでさえ難しいのだから、人の善いところも悪いところも安易に口にしてはいけない。
エ 力量の劣る人が他人の欠点を批判すると逆恨みされかねないので、人の善いところだけを口にすべきである。

（　　）

(3) 本文は「十訓抄」という説話集に収められているが、同じジャンルの作品を次から選び、記号で答えなさい。（5点）

ア 宇治拾遺物語　イ 枕草子
ウ 源氏物語　エ 徒然草

（　　）

〔東京学芸大附高—改〕

10 説話 ③

Step A Step B Step C

月 日

解答▼別冊19ページ

1 次の古文を読んで、あとの問いに答えなさい。

今は昔、①親に孝するものありけり。朝夕に木をこりて親を養ふ。孝養の心空に知られぬ。梶(かじ)もなき舟(ふね)に乗りて向ひの嶋(しま)に行くに、朝には南の風吹(ふ)きて、北の嶋に吹きつけつ。夕にはまた舟に木をこりて入れて②ゐたれば、北の風吹きて家に吹きつけつ。

かくのごとくする程(ほど)に、年比(としごろ)になりて、③おほやけに聞(きこ)し召(め)して、④大臣になして召し使はる。その名を鄭大尉(ていたいい)とぞいひける。

（「宇治拾遺物語(うじしゅういものがたり)」）

＊孝養の心空に知られぬ＝その孝養の心が天に通じた。
＊年比＝としごろ。長い年月。

(1) ――線部①「親に孝するもの」の木の運び方として最も適切なものを次から選び、記号で答えなさい。
ア 北の島で木を積んでから、天に祈(いの)り風を起こして運んだ。
イ 舟に木を積んで、自然に吹く風に任せて運んだ。
ウ 舟の梶をとって家と島を行き来して木を運んだ。
エ 海を泳いで舟を押(お)して家と島を行き来して木を運んだ。
（　　）

(2) ――線部①「親に孝するもの」は、どうしてこのように木を運ぶことができたのか、その理由を文中から十二字以内で抜(ぬ)き出しなさい。

(3) ――線部②「ゐたれば」・③「おほやけ」を現代仮名遣(づか)いに直し、ひらがなで答えなさい。
②（　　）　③（　　）

(4) ――線部④「大臣になして召し使はる」とあるが、鄭大尉はなぜ大臣に任じられたか。最も適切なものを次から選び、記号で答えなさい。
ア 鄭大尉の噂(うわさ)を朝廷(ちょうてい)が聞きつけたから。
イ 鄭大尉が大臣となるのにふさわしい年齢(ねんれい)になったから。
ウ 鄭大尉が朝廷の噂を聞きつけ自ら申し出たから。
エ 鄭大尉が「親に孝するもの」という人に実力を認められたから。
（　　）

(5) 本文は鎌倉(かまくら)時代に成立した『宇治拾遺物語』に収められたものである。この作品と同じ時代に成立した作品を次から選び、記号で答えなさい。
ア 源氏物語　**イ** 枕草子(まくらのそうし)　**ウ** 平家物語
エ 曾根崎心中(そねざきしんじゅう)
（　　）

〔芝浦工業大附高〕

2 次の古文を読んで、あとの問いに答えなさい。

今は昔、いつの*ⓐころほひのことにかありけむ、*清水に参りたりける女の、幼き子を抱きてⓑ御堂の前の谷をのぞきて立ちけるが、いかがしけるにかありけむ、児を取り落として谷に落とし入れけり。はるかに振り落とさるるを見て、すべきやうもなくて、①御堂の方に向かひて、手を摺りて、「観音、助け給へ」となむ惑ひける。②いまはなき者と思ひけれども、ありやうをも見むと思ひて、惑ひおりて見ければ、観音のいとほしとおぼしめしけるにこそは、③つゆ疵もなくて、谷の底の木の葉の多く落ち積もれる上に落ちかかりてなむ臥したりける。母、歓びながら抱き取りて、いよいよ観音を泣く泣く礼拝したりてまつりけり。

これを見る人みな、あさましがりて ののしりけりとなむ語り伝へたるとや。

（「今昔物語集」）

*ころほひ＝ころ。

*清水＝京都の清水寺。本堂前が谷になっていて、舞台のようになっている（通称、清水の舞台）。本堂には観音像がまつられている。

(1) ——線部ⓐ「ころほひ」・ⓑ「御堂」を現代仮名遣いに直し、すべてひらがなで答えなさい。

ⓐ（　　　）　ⓑ（　　　）

記述 (2) ——線部①「御堂の方に向かひて」とあるが、何をするためか。具体的に説明しなさい。

（　　　）

(3) ——線部②「いまはなき者と思ひけれども」について、あとの問いに答えなさい。

① 誰が思ったのか。適切な言葉を文中から抜き出しなさい。

（　　　）

② 誰のことを「いまはなき者」と思ったのか。適切な言葉を文中から抜き出しなさい。

（　　　）

③ このように思ったのはなぜか。説明しなさい。

（　　　）

(4) ——線部③「つゆ疵もなくて……」という状態だったのはどうしてだと作者は考えているか。文中から十五字で抜き出しなさい。

〔大妻嵐山高〕

月　日

時間 25分　合格点 80点　得点　点

解答▼別冊20ページ

1 次の古文A・Bを読んで、あとの問いに答えなさい。

A

東大寺の*上人春豪房、伊勢の海いちしの浦にて、海人はまぐりをとりけるを見給ひて、ⓐあはれみをなして、みな買ひとりて海に入れられにけり。ⓑゆゆしき功徳つくりぬと思ひて、臥し給ひたる夜の夢に、はまぐりおほくあつまりて、Aうれへて言ふやう、「われ*畜生の身をうけて*出離の期を知らず。たまたま*二の宮の御前に参りて、すでに得脱すべかりつるを、上人よしなきあはれみをなし給ひて、また重苦の身となりて出離の縁を失ひ侍りぬる、悲しきかなや、悲しきかなや」といふと見て、夢さめにけり。上人、ⓒ涕泣し給ふこと限りなかりけり。

*主計の頭師員も、市に売りけるはまぐりを、月ごとに四十八買ひて、海にはなちにけるほどに、或る夜の夢に、畜生の報いをうけたるが、たまたま生死をはなれんとするを、Bかくし給へば、なほもとの身にて苦しみをはなれぬよしを、*あまどもがなげきて泣くと見て、それよりこの事とどめてけるとなん。ⓓ放生の功徳もことによるべきにこそ。

（「古今著聞集」）

*上人＝徳の高い僧。
*畜生の身をうけて＝輪廻転生して、はまぐりとなって畜生道に堕ちて。
*出離の期を知らず＝はまぐりとしての生をいつになったら終えられるのかまるで分からなかった。
*二の宮＝神社の名称。
*主計の頭＝役所の長官の名称。
*あまども＝はまぐりが変身した、魚介を捕る海人。

B

宮内卿業光卿のもとに、*盃酌の事ありけるに、*炭櫃の辺りに、*にしをおほくとり置きたりけるに、亭主、酒に酔ひて、その炭櫃を枕にして寝入りにけり。その夜の夢に、ちひさき尼、そのかずおほく炭櫃の辺りになみゐて、面々に泣きかなしみて、さまざまくどきごとをしけり。おどろきて見れば、ものもなし。また寝入れば、さきのごとくに見ゆ。かくてたびたびになりけれども、おほかたその心を得ぬに、暁にのぞみて、また目をもてあげて見るに、にしの中に、小尼少々まじりて、*うつつに見えて、やがて失せにけり。おどろきあさみて、Cそれよりながくにしをば食はざりけり。

また右近の大夫信光といひしものは、はまぐりをこのやうに夢に見て、みなはなちたりけるとかや。にし・はまぐりは、まさしく生きたるを食ひ侍れば、かく夢にも見ゆるにこそ。*むざんの事なり。

（「古今著聞集」）

*盃酌＝酒盛り。　*炭櫃＝角火鉢。小型の暖房器具。
*にし＝巻き貝の一種。　*うつつに＝実際に。
*むざんの事＝かわいそうなこと。

(1) ――線部A「うれへて言ふやう」について、

① 現代仮名遣いに直し、すべてひらがなで答えなさい。

（　　　　　　）（5点）

② 「はまぐり」が「うれへて」言った内容として最も適切なものを次から選び、記号で答えなさい。（10点）

ア 生前の罪により畜生道に堕ちてしまい、抜けられる算段がつかないこの悲しみをわかってほしい。

イ 上人の尊い功徳によって、是非とも我々をはまぐりとしての生から救い出してほしい。

ウ せっかく新たな輪廻転生を迎えられそうなところだったのに、余計なことをしないでほしい。

エ 伊勢の海のはまぐりだけでなく、長年畜生道で苦しみぬいている我々をこそ、思いやってほしい。

（　　）

(2) ――線部ⓐ・ⓑ・ⓒから読み取れる春豪房の気持ちの組み合わせとして最も適切なものを次から選び、記号で答えなさい。(10点)

ア ⓐ 思いやり　ⓑ 安堵　ⓒ 同情

イ ⓐ 同情　ⓑ 満足　ⓒ 後悔

ウ ⓐ 忖度　ⓑ 安心　ⓒ 共感

エ ⓐ 悲嘆　ⓑ 不安　ⓒ 失望

（　　）

記述

(3) ――線部B「かく(このように)」とあるが、どのようなことを指しているか、三十字以内で答えなさい。(20点)

記述　難

(4) ――線部ⓓ「放生の功徳」とは、Bの古文でいうと具体的にはどういうことか。次の（　）に合う形で答えなさい。(20点)

（　二十字程度　）、功徳を積むこと。

(5) ――線部C「それよりながくにしをば食はざりけり」について、このようにした理由を作者はどのように考えているか。最も適切なものを次から選び、記号で答えなさい。(15点)

ア 生きたまま食べることへの罪の意識を持ち始めたから。

イ 炭櫃の霊にたしなめられ、殺生を止めようと思ったから。

ウ 巻き貝による悪夢を今後二度と見せられたくないから。

エ 尼が気の毒で、少しでも協力してあげたいと感じたから。

（　　）

(6) 古文Aと古文Bにおけるはまぐりの主張の組み合わせとして最も適切なものを次から選び、記号で答えなさい。(20点)

ア Aは放生による助けを乞い願うような内容で、Bは放生をいさめる内容。

イ Aはむやみな放生はかえって迷惑であるという内容で、Bは放生を求める内容。

ウ Aはみなが救われないのは納得がいかないという内容で、Bは放生を求める内容。

エ Aは放生による助けを乞い願うような内容で、Bは放生を求める内容。

オ Aはむやみな放生はかえって迷惑であるという内容で、Bは放生をいさめる内容。

カ Aはみなが救われないのは納得がいかないという内容で、Bは放生をとどめる内容。

（　　）

〔拓殖大第一高〕

時間 25分 合格点 80点 得点 点

月 日

解答▼別冊21ページ

1 次の古文を読んで、あとの問いに答えなさい。

これも昔、天竺*に、身の色は五色にて、角の色は白き鹿一つありけり。深山にのみ住みて、人に知られず。その山のほとりに大きなる川あり。その山にまた烏あり。このかせき*を友として過す。

ある時、この川に男一人流れて、①すでに死なんとす。「我を、人助けよ」と叫ぶに、このかせき、この叫ぶ声を聞きて、悲しみにたへずして、川を泳ぎよりて、②この男を助けてけり。男、命の生きぬることをよろこびて、手をすりて鹿に向かひていはく、「何事をもちてか、この恩をむくひてたてまつるべき」といふ。かせきのいはく、「何事をもちてか恩をばむくはん。ただ、この山に我ありといふことを、ゆめゆめ③人に語るべからず。我が身の色五色なり。人知りなば、皮をとらんとて、かならず殺されなん。このことを恐るるによりて、かかる深山にかくれて、あへて人に知られず。しかるを、なんぢが叫ぶ声を悲しみて④身のゆくすゑを忘れて、助けつるなり」といふ時に、男、「これまことにことわりなり。さらにもらす事あるまじ」と、かへすがへす契りて去りぬ。もとの里に帰りて、月日を送れども、さらに人に語らず。

（「宇治拾遺物語」）

＊天竺＝インドの古称。　＊かせき＝鹿のこと。

(1) ――線部①「すでに死なんとす」・③「人に語るべからず」の現代語訳として最も適切なものをそれぞれ次から選び、記号で答えなさい。（8×2―16点）

① 「すでに死なんとす」
ア とうに死んでしまっていた
イ 自ら死を選ぼうとしていた
ウ 全く死ぬ気はなかった
エ 今にも死にそうな様子だった

（　　）

③ 「人に語るべからず」
ア 人に語ってはいけない
イ 人に語り伝えるべきだ
ウ 人に語ることなどできない
エ 人に語るつもりはない

（　　）

(2) ――線部②「この男を助けてけり」とあるが、鹿がこの男を助けたのはどのような気持ちからか。文中から十字以内で抜き出しなさい。（10点）

□□□□□□□□□□

記述 重要

(3) ――線部④「身のゆくすゑを忘れて」とあるが、「身のゆくすゑ」とはどのようなことか。わかりやすく説明しなさい。（14点）

（　　　　　　　　　　　　）

〔ノートルダム女学院高―改〕

2 次の古文を読んで、あとの問いに答えなさい。

恵心僧都の妹に、安養の尼といふ人侍りけり。①年ごろあさからず思ひけるあるじにおくれ給ひて、やがて様をかへ、小野といふ山里にⓐこもりゐて、地蔵菩薩を本尊として、明け暮れ行ひ給へり。ある時、夜更けぬるまで心をすまして勤めうちし、「かならず後生＊たすけさせ給へ」と祈り申されて、うち寝ね給ひ侍りけるに、夢にこの地蔵菩薩ⓑおはしまして、「②いかにも助けんずるぞ、それにつけても勤むること、物うくすな」と仰せらるるとおもひて、夢さめて侍りけり。そののちは、いよいよ心を発して＊、③むらなく勤め行ひ給へりけるしるしありて、最後臨終の夕べに、まさしく＊紫雲空にたなびきて、＊天花まじはりくだりて、往生の素懐をとげ給へりける、返す返すもいみじく侍り。（『撰集抄』）

＊後生＝死後に住む世界。来世。
＊心を発して＝信仰心を起こして。
＊紫雲・天花＝「紫雲」は「紫色の雲」、「天花」は「天上界に咲くという霊妙な花」。ともにめでたいしるしとされ、臨終の時にこれらが現れると極楽往生を果たせると考えられた。

(1) ――線部①「年ごろあさからず思ひけるあるじにおくれ給ひて」の意味として、最も適切なものを次から選び、記号で答えなさい。(10点)

ア 長年深く愛情を傾けていた夫に先立たれなさって
イ 普段仲むつまじく暮らしていた夫と離別なさって
ウ 若い頃から心を通い合わせていた主君と死別なさって
エ 数年来親しく付き合っていた主君に見送られなさって

（　　）

(2) ――線部ⓐ・ⓑの主語にあたるものを、それぞれ文中から抜き出して答えなさい。(5点×2―10点)

ⓐ（　　）　ⓑ（　　）

(3) ――線部②「いかにも助けんずるぞ」とあるが、このように言ったのはなぜか。その説明として最も適切なものを次から選び、記号で答えなさい。(12点)

ア 一心に勤行に励む姿勢に感動したから。
イ 助けを求める様子を哀れに思ったから。
ウ 居眠りしている姿に怒りを覚えたから。
エ 悲しみに暮れるのを救いたかったから。

（　　）

(4) ――線部③「むらなく勤め行ひ給へりけるしるしありて」の意味として最も適切なものを次から選び、記号で答えなさい。(10点)

ア 落ち着いた心で修行に励まれたご利益で
イ 決められた勤めを怠らなかった効用から
ウ どの人にも経を手向けられた効能の為に
エ 休まず勤行を続けなさった甲斐があって

（　　）

(5) この文章から導かれる主張として適切でないものを次から選び、記号で答えなさい。(18点)

ア 出家して熱心に勤行に明け暮れていると、極楽往生がかなえられる。
イ 深く極楽往生を祈念し、修行に努めれば、報われる功徳が得られる。
ウ 菩薩が現れる夢を契機に信心を抱き、勤行に励むことで霊験が下る。
エ 仏を信じる気持ちが強ければ、夢に菩薩が現れ諭されることもある。

（　　）

〔洛南高〕

11 随筆①

読解のポイント

①何について作者が考えを述べているか（話題）を押さえる。
②話の展開を踏まえて、作者の主張を読み取る。

例題 次の古文を読んで、①話題、②作者の主張を書き出してみよう。

身死して財残る事は智者（知恵がある者）のせざる所なり。よからぬ物蓄へ置きたるもつたなく、よき物は、心をとめけんと、はかなし。こちたく（はなはだしく）多かる、ましてくちをし。「我こそ得め」などいふものどもありて、あとに争ひたる、いと様あし（見苦しく）、後は誰にと心ざす物（心の中で決めている物）あらば、生けらんうちにぞゆづるべき。朝夕（常に）無くてかなはざらん（なくてはならないような）物こそあらめ、其の外は何も持たでぞあらまほしき（理想的である）。

（「徒然草」）

①話題…財産や身の回りの品物について。
②作者の主張…智恵のある人は自分の死後にごたごたと家財道具などが残るようなことはしない。日常生活の必需品以外は持たないほうがよい。

● 「徒然草」は、後二条天皇に仕えたのち、三十歳前後で出家した兼好法師が、無常観を根底にさまざまな事柄を書き綴った随筆である。

Step A　Step B　Step C

月　日

解答▼別冊22ページ

1 次の古文を読んで、あとの問いに答えなさい。

五月ばかりなどに山里にありく、いとをかし。草葉も［A］もいとあをく見えわたりたるに、上はつれなくて草生ひ茂りたるを、ながながとただざまに行けば、下はえならざりける水の、深くはあらねど、①人などのあゆむにはしりあがりたる、いとをかし。

左右にある垣にある、ものの枝などの、車の屋形などにさし入るを、急ぎてとらへて折らんとするほどに、ふと過ぎて外れたるこそ、②いとくちをしけれ。蓬の車に押しひしがれたりけるが、輪の廻りたるに、③近うちかかりたるもをかし。

（「枕草子」）

(1) ［A］に入る適切な単語を文中から抜き出しなさい。（　　）

(2) ——線部①「人など」とあるが、どのような人か。最も適切なものを次から選び、記号で答えなさい。
ア 恋人　イ 主人　ウ 同僚　エ 従者　（　　）

(3) ——線部②「いとくちをしけれ」の現代語訳として最も適切なものを次から選び、記号で答えなさい。
ア 大変珍しい　イ 大変面白い　ウ 大変残念だ　エ 大変興奮する　（　　）

(4) ——線部③「近うちかかりたるもをかし」とあるが、何が「うちかか」ったのか。文中から一語で抜き出しなさい。

（　　　　）〔法政大高〕

2 次の古文を読んで、あとの問いに答えなさい。

桜の花ざかりに、歌よむ友だち、これかれかい連ねて、そこかしこと、見ありきける、＊かへるさに、見し花どものこと、語りつつ来るに、ⓐひとりが、ⓑいふやう、「＊まろは、＊歌よまむと、思ひめぐらしけるほどに、ⓒけふの花は、いかにありけむ、こまやかにも見ずなりぬ。」といへるは、＊をこがましきやうなれど、まことはたれもさもあることと、ⓓをかしくぞ聞きし。

（「玉勝間」）

＊かへるさに＝帰り道に。　＊まろ＝私。
＊歌よまむ＝歌を詠もう。
＊をこがましき＝愚かにみえる。

(1) ——線部ⓐ「ひとり」について次の問いに答えなさい。

① この人は、どのような態度で桜の花を見たと述べているか。最も適切なものを次から選び、記号で答えなさい。

ア 歌を詠めないことに悩み、花の美しさをしっかり観察することができていなかったという態度。
イ 歌を詠むことばかりに気をとられ、花の様子をよく見ていなかったという態度。
ウ よい歌を詠んで人から評価されることばかりを期待して、努力が足りなかったという態度。
エ ひとりで歌を詠もうとばかりして、まわりの人との会話を楽しめないでいたという態度。

（　　）

② ①のような態度について、作者はどのように考えているか。最も適切なもの次からを選び、記号で答えなさい。

ア 風流を解する人だと感心し、自分も見習いたいと思っている。
イ 歌人として決して許されることではないと考え、批判している。
ウ なかなかない珍しい経験をしたものだと驚き、原因を追究しようとしている。
エ 誰にも経験のあることだと思い、おもしろいと考えている。

（　　）

(2) ——線部ⓑ「いふやう」、ⓒ「けふ」、ⓓ「をかしく」をそれぞれ現代仮名遣いに直し、ひらがなで答えなさい。

ⓑ（　　）　ⓒ（　　）
ⓓ（　　）

〔ノートルダム女学院高〕

月　日

時間 25分　合格点 80点　得点　点

解答▼別冊22ページ

1 次の古文を読んで、あとの問いに答えなさい。

＊もろこし人の物語に、＊ある人ともだちかたらひて、山のふもとをとほりしに、この山に虎ありて、人をくらふ。この虎をころしたるものあらば、＊十万貫をたまふべしと、＊榜文たちたるを見て、おほいによろこび、うでまくりなどし、そのままかけあがらむとするを、①＊かたへの人ひきとどめ、いのちはをしからずやと②いへば、③たからだにもちたらば、いのちは何かをしからむと④こたへしとかたりき。おろかなる人のこころざし、まことにをかしき事なれど、たからあつめするものの、人のうらみそしりをもかへりみず、＊さかりて入れば、またさかりて出づる事、いかほども出でき、遂にはその身も危ふくなり、家もほろぶるにいたれる、⑤何かこの物語に異ならむ。

（「たはれ草」）

＊もろこし＝唐土。中国の別称。
＊ある人ともだちかたらひて＝ある人が友だちと親しく語り合いながら。
＊十万貫をたまふべし＝十万貫のお金を授けよう。
＊榜文＝通達などを板に書き、目立つ場所に掲げたもの。
＊かたへの人＝そばにいる人。仲間。
＊さかりて入れば、またさかりて出づる事＝不当な手段で手に入れた財貨は、結局つまらぬ目的のために使い捨てられること。

記述
(1) ——線部①「かたへの人ひきとどめ」とあるが、「かたへの人」はどのようなことを心配して「ある人」をひきとどめたのか、説明しなさい。（10点）

（　　　　）

(2) ——線部②「いへば」・④「こたへし」の主語をそれぞれ次から選び、記号で答えなさい。（4点×2—8点）

ア もろこし人　イ ある人　ウ ともだち
エ かたへの人　オ たからあつめするもの

②（　）　④（　）

(3) ——線部③「たからだに…をしからむ」の意味として最も適切なものを次から選び、記号で答えなさい。（14点）

ア 財貨を手に入れると命は当然惜しくなる。
イ 命さえあれば、財貨は惜しくない。
ウ 財貨を失ったので、命はもう惜しくない。
エ 命があってこそ、財貨にも意味がある。
オ 財貨さえ手に入れたならば、命は惜しくない。（　）

(4) ——線部⑤「何かこの物語に異ならむ」とあるが「ある人」と「たからあつめするもの」の共通するところを説明したものとして最も適切なものを次から選び、記号で答えなさい。（14点）

ア 自分の力を過信して、十分な準備もせずに危険を冒そうとする無謀なところ。
イ 利益を得ることに執着し、本当に大事なものを失いかねない浅はかなところ。
ウ 不確かな情報に基づいて行動し、結局は損をしてしまう軽はずみなところ。
エ 人の意見を聞かずに自分の判断だけで行動し、人に迷惑をかける勝手なところ。

オ　大金目当てに、人を裏切ってまで金を手に入れようとする非情なところ。

（　　　　）

〔初芝富田林高―改〕

2　次の古文を読んで、あとの問いに答えなさい。

相模守時頼の母は、松下禅尼とぞ申しける。守を入れ申さるる（招待申し上げなさる）事ありけるに、すすけたる明り障子のやぶればかりを（すすけている障子の破れたところだけを）、禅尼手づから（自分の手で）、小刀して切りまはしつつ（あちらこちら切り取っては）張られければ、兄（松下禅尼の兄）の城介義景、その日のけいめいして（世話役を勤めて）、①候ひける（ひかえていた）が、給はりて（いただいて）、なにがし男に張らせ候はん。ⓐさやうの事に心得たる（心得のある）者に候ふと申されければ、「その男、尼が細工によも（細工にはよもや）まさり侍らじ（まさっていることはございますまい）。」とて、ⓑなほ一間づつ（やはり障子の一こまずつ）②張られけるを、義景、「皆を張りかへ候はんは、はるかにたやすく候ふべし、③まだらに候ふも見苦しくや。」と④かさねて申されければ、「尼も、後はさはさはと（さっぱりと）張りかへんと思へども、今日ばかりは、わざとかくてあるべきなり（こうしておくのがよいのです）。物は破れたる所ばかりを修理してⓒもちゐる事ぞと、⑤若き人に見ならはせて、心づけんためなり（気付かせるためなのです）。」と申されける、いとありがたかりけり（めったにないほど立派なことであった）。⑥世を治むる道、倹約を本とす。

〔「徒然草」〕

(1) 文中の＝＝線部ⓐ～ⓒの言葉を現代仮名遣いに直し、ひらがなで答えなさい。（4点×3―12点）

ⓐ（　　　　）　ⓑ（　　　　）　ⓒ（　　　　）

(2) ――線部①「候ひける」、②「張られける」の主語をそれぞれ次から選び、記号で答えなさい。（3点×2―6点）

ア 時頼　イ 松下禅尼　ウ 義景　エ なにがし男

①（　　）　②（　　）

(3) 記述　――線部③「まだら」とあるが、何と何がまだらになっている様子を表しているか。「…とがまだらになっている様子。」に続くように答えなさい。ただし、「まだら」とは、「種々の色が入り混じっていたり、色の濃いものと淡いものとが混じっていたりすること」を表す。（10点）

（　　　　　　　　）とがまだらになっている様子。

(4) ――線部④「かさねて申されければ」とあるが、前回の発言にあたる部分を文中から探し、はじめと終わりの三字を答えなさい。（8点）

□□□～□□□

(5) ――線部⑤「若き人」とは誰のことか。最も適切なものを次から選び、記号で答えなさい。（8点）

ア 時頼　イ 松下禅尼　ウ 義景　エ なにがし男

（　　）

(6) ――線部⑥「世を…本とす」とあるが、「倹約」について具体的に述べている部分を松下禅尼の発言から探し、はじめの三字を答えなさい。（10点）

□□□

〔長野〕

12 随筆②

解答▼別冊23ページ

1 次の古文を読んで、あとの問いに答えなさい。

いへたかの二位の云はれしは、歌はふしぎのものにて①候なり。きとうち見るに、②面白く悪しからずおぼえ候へども、次の日又又見候へば、ゆゆしく見ざめのし候。③これを善しと思ひ候ひける④こそふしぎに候へ、などおぼゆるものにて候云々、とぞ云はれける。誠にさる事なり。

（「玉勝間」）

＊いへたかの二位＝藤原家隆。「新古今和歌集」をまとめた一人。二位は、朝廷の役人の地位・序列を示す。

(1) ――線部①「候なり」を、現代仮名遣いに直し、すべてひらがなで答えなさい。（　　）

(2) ――線部②「面白く」とあるが、ここでそのように思われたのはなぜか。最も適切なものを次から選び、記号で答えなさい。

ア 歌の鑑賞とは、必ず興味深く感じるはずであったから。
イ 歌を鑑賞するとき、時間を十分かけていなかったから。
ウ 歌の鑑賞では、翌日に見直すことが必要であったから。
エ 歌に興味がないと、鑑賞する価値がないと思ったから。

（　　）

(3) ――線部③「これを善しと思ひ候ひける」を現代語訳しなさい。

（　　）

(4) ――線部④「こそ」とあるが、この語の他に結びの語を変化させている係助詞を文中から抜き出しなさい。（　　）

(5) 記述 本文の内容について次のようにまとめた。A に入る具体的な内容を三十字以内で答えなさい。ただし、句読点等も字数に含める。

「いへたかの二位」は、歌の「ふしぎ」について、悪くないと思われた歌が、A ことが不思議だと述べている。

（青森―改）

2

次の古文は、「方丈記」の一段で、養和元年（一一八一年）から二年間にわたって続いた飢饉の様子を述べた文である。これを読んで、あとの問いに答えなさい。

また、養和のころとか、久しくなりて覚えず、二年が間、世の中①＊飢渇して、②あさましきこと侍りき。あるひは春・夏日でり、あるひは秋、大風・洪水など、よからぬことどもうち続きて、＊五穀ことごとくならず。むなしく③春かへし、夏植うるいとなみありて、秋刈り冬収むるぞめきはなし。

これによりて、国々の民、あるひは④家を忘れて山に住む。さまざまの御祈り始まりて、なべてならぬ法ども行なはるれど、⑤さらにそのしるしなし。

（「方丈記」）

＊飢渇＝「飢饉」に同じ。　＊五穀＝麦、米、あわ、豆などの五つの穀物。

記述

(1) ——線部①「飢渇して」とあるが、このような状態が発生した理由を三十五字以内で説明しなさい。ただし、句読点等も字数に含める。

(2) ——線部②「あさましき」の文中での意味として、最も適切なものを次から選び、記号で答えなさい。

ア 意外だ　イ 考えが浅はかだ
ウ ひどい　エ 興ざめだ

（　　）

(3) ——線部③「春かへし」とあるが、何を「かへし」ているのか。最も適切なものを次から選び、記号で答えなさい。

ア 借金　イ 田畑　ウ 人　エ 税金

（　　）

(4) ——線部④は「家を捨てて山に住む」という意味だが、なぜ、山に住むようになったのか。その理由として最も適切なものを次から選び、記号で答えなさい。

ア 山には木の実や草の根が生えているから。
イ 飢饉を忘れてのんびりと過ごせるから。
ウ 新しい伝染病から逃れられるから。
エ 借金の取り立てから逃れられるから。

（　　）

(5) ——線部⑤「さらにそのしるしなし」の現代語訳として最も適切なものを次から選び、記号で答えなさい。

ア 山に逃げた者を、見つけ出すことは出来なかった。
イ 新たな飢饉は起きることがなかった。
ウ 飢饉のない豊かな土地など、見つけられなかった。
エ 飢饉が改善されるといった効果は見られなかった。

（　　）

〔大阪成蹊女子高―改〕

Step A
Step B
Step C

月　日

時間 25分
合格点 80点
得点　点

解答▼別冊24ページ

1 次のA・Bを読んで、あとの問いに答えなさい。

A

九月ばかり夜一夜降り明かしつる雨の、今朝はやみて、朝日いとけざやかにさし出でたるに、前栽の露はこぼるばかり濡れかかりたるも、いとをかし。透垣の羅文、軒の上などはかいたる蜘蛛の巣のこぼれ残りたるに、雨のかかりたるが、白き玉を貫きたるやうなるこそ、いみじうあはれにをかしけれ。

（「枕草子」）

（注）一夜降り明かし＝一晩中降り明かした　けざやかにさし出でたる＝あざやかにさし出した　前栽＝庭の植えこみ　透垣の羅文＝間を透かした垣根の飾り模様　こぼれ残りたる＝壊れ残った　かかりたる＝かかった　貫きたる＝貫き通した　いみじう＝たいそう

B

月のいと明かきに、川をわたれば、牛の歩むままに、水晶などのわれたるやうに、水の散りたるこそをかしけれ。

（「枕草子」）

（注）いと明かき＝明るいとき　牛＝車を引く牛　われたる＝割れた　散りたる＝飛び散った

次は、あきらさんとなつみさんが、AとBを読んで対話をした内容の一部である。

あきらさん　Aの二つの文の文末は「をかし」と「をかしけれ」になっていますが、後の文は「こそ」を受けて、「をかし」が「をかしけれ」に変化したのですね。

なつみさん　はい。「こそ」などの語によって文末が変化する表現を［a］と言いますね。感動などをより強調する効果があります。

あきらさん　そうですね。作者の［b］はAでは壊れ残った蜘蛛の巣に［c］様子に、Bでは川の水が水晶の割れたように飛び散った様子に、それぞれ注目しています。

なつみさん　作者は、日常のささやかなものにも趣を見つけ、ほんの一瞬のぞかせる美しさを見逃していません。AもBも、朝日や月の光の中で、水が［d］様子を、比喩を用いて描いています。

(1)　［a］に入る言葉を次から選び、記号で答えなさい。(8点)

ア　倒置　　イ　強調　　ウ　係り結び　　エ　体言止め

（　　　）

(2)　［b］に入る人物名を漢字で答えなさい。(10点)

（　　　）

記述

(3)　［c］・［d］に入る適切な言葉を答えなさい。ただし、［c］は十五字以上二十字以内で、［d］は七字以内で答えること。(c16点、d10点—26点)

c ［20マスの解答欄］

d ［7マスの解答欄］

〔徳島〕

2 次の古文を読んで、あとの問いに答えなさい。（出題の関係上、本文を一部改めた部分がある。）

よく物を心にとめてわすれぬものが、「むかしいづこの（どこかの）山にのぼりしが（山に登った）、かかる（こんな）峰（みね）に松のいくもと（数本）ありて、そのうちにかく枝たれたるに（こんなに枝が垂れているのに）、いま一木は高くそびえて①たてり。そのかたはらにまき*の大きやかなるが、横ざまに生ひいでて、青つづら*のかかりしさま」などと②かたるに、いとこまやかにおぼえ給ふ物（たまふもの）かな（覚えていらっしゃるのですね）。君が庭もその山によりて（まねて）つくり給ひしや。松のあるなかにまきのみえたるが、姿はいかに（どのようで）ありしか（あったか）などたづぬれば、「わが庭にも□のありしや（あったかな）。つね見はべれば③わすれたり」と④いひき。

（「花月草紙（かげつそうし）」）

＊まき＝ヒノキ・スギなどの常緑の針葉樹の総称（そうしょう）。　＊つづら＝つる草の一種。

(1) ――線部①～④の中で、その主語にあたるものが他と異なるものを選び、記号で答えなさい。（8点）（　　）

(2) □に入る適切な言葉を次から選び、記号で答えなさい。（8点）

ア 山　イ 峰　ウ まき　エ つづら　（　　）

(3) 本文に書かれている内容として最も適切なものを次から選び、記号で答えなさい。（10点）

ア ある人が以前登った山のことを細部にわたってよく覚えていて、誰（だれ）に対しても語って自慢（じまん）していた。

イ ある人が以前登った山の松やまきの様子を気に入り、その様子に似せて金を惜（お）しまず豪勢（ごうせい）な庭を造った。

ウ ある人が以前登った山のことは覚えているのに、いつも見ている自分の庭のことは覚えていなかった。

エ ある人が以前登った山の松の木に青つづらのかかっている様子を見て、自分の庭にも青つづらを植えた。

（　　）

〔富山〕

3 次の古文を読んで、あとの問いに答えなさい。

三月三日は、うらうらとのどかに照りたる。□の花の今咲（さ）きはじむる。柳（やなぎ）などをかしきこそさらなれ。それもまだ、まゆにこもりたる*はをかし。ひろごりたるはうたてぞ見ゆる。おもしろく咲きたる桜を、長く折りて、大きなる瓶（かめ）にさしたるこそをかしけれ。桜の直衣（なほし）*に出袿（いだしうちき）*して、まらうど*にもあれ、御（おん）せうと*の君達（きんだち）にても、そこ近くゐて物などうち言ひたる、①いとをかし。

四月、祭*のころ、いとをかし。上達部（かんだちめ）*、殿上人（てんじょうびと）も、うへの衣（きぬ）の濃（こ）き薄（うす）きばかりのけぢめ*にて、白襲（しらがさね）*ども同じさまに、涼（すず）しげにをかし。

（「枕草子」）

＊まゆにこもりたる＝若芽の状態にある。　＊桜の直衣＝（桜色と呼ばれる）表が白で裏が赤の上着。　＊出袿＝わざと下に着た服のすそを出して見せること。　＊まらうど＝客人。　＊せうと＝兄弟。　＊祭＝賀茂祭（かものまつり）。葵（あおい）祭りともいう。　＊上達部、殿上人＝身分の高い貴族。　＊けぢめ＝違（ちが）い。　＊白襲＝夏に着用する白い薄物（うすもの）。

(1) □に入る花の名前を漢字で答えなさい。（10点）（　　）

難　記述　(2) ――線部①「いとをかし」とあるが、これはなぜか、説明しなさい。（20点）

（　　　　　　　　）

〔慶應義塾女子高―改〕

13 随筆③

Step A Step B Step C

月　日

解答▼別冊25ページ

1 次の古文を読んで、あとの問いに答えなさい。

やんごとなき人(身分の高い人)、にはかにいたづき(病気)にかかれりけり。たやすからぬ(簡単には治らない様子)さまなりければ(だったので)、(やんごとなき人は)「今このくすし(今この医者)一人にまかせんもいかがなり(任せるのもどうだろう)」。かれ(あの医者)もくすしの道には世の常ならねば(秀でているので)、これと(あの医者と)心を合せて薬調ぜよ」と言へば、はじめのくすし①頭をふりて、「さらば(それならば)、その世の常ならぬものにまかせたまへ。かかるとみのいたづき(このような急な病気)を療治(りょうじ)せんに(する時に)、人に語らひて(人と相談していては)は、②いかで出で来べき(なされ)」と言ひければ、③げにもとて(もっともだと思って)、はじめのにま(はじめの医者に)かせてければ、そのいたづきもすみやかに(たちまち)おこたりぬ(快癒・かげつそうし)。

（「花月草紙」）

(1) ――線部①「頭をふりて」とあるが、「はじめのくすし」の気持ちとして最も適切なものを次から選び、記号で答えなさい。

ア 無関心　イ 承諾(しょうだく)　ウ 反対　エ 期待　オ 降参

（　　）

(2) ――線部②「いかで出で来べき」とあるが、この言葉の意味として、最も適切なものを次から選び、記号で答えなさい。

ア 病は必ず自分の技術で治してみせる。
イ 病を治す方法が必ず見つかるはずだ。
ウ 病が治るにはまだまだ時間がかかる。
エ 病を治せるかどうかあまり自信がない。
オ 病を治すことなどできるはずがない。

（　　）

(3) ――線部③「げにも」とあるが、この言葉は誰(だれ)の意見を表したものか。最も適切なものを次から選び、記号で答えなさい。

ア 作者　イ やんごとなき人　ウ はじめのくすし
エ 世の常ならぬもの　オ 世の中の人々

（　　）

(4) この文章の作者はどのようなことを言おうとしたのか。最も適切なものを次から選び、記号で答えなさい。

ア 急な病気を治療(ちりょう)する時は、一人の医者に任せた方が良い。
イ どんな困難な病気も、専門分野の医者に任せることが最適である。
ウ 治療を受ける人がどんな人であっても平等に治療するべきである。
エ 患者(かんじゃ)の状態に合わせて対応できる医者は、なかなか見つからない。
オ 病気を治すためには、複数の医者にみてもらうことが必要である。

（　　）

〔高田高〕

2 次の古文は江戸時代の随筆(ずいひつ)「猿著聞集(さるちょもんじゅう)」の一節である。本文を読んで、あとの問いに答えなさい。

折兼(をりかね)、山に猟(かり)して天狗(てんぐ)にあひしこと

長門(ながと)の国萩(はぎ)の水井(みづゐ)折兼、いときなき時*より猟することを好み、常に野山に遊びけり。

歳(とし)十二三の頃(ころ)、萩よりは小道十七里*ばかりも隔(へだ)ちて、三位山といふ

高き山あり。乾飯携へてこの山に登り行くに、①山雀、目白の小鳥を得ることおもしろければ、なほ奥深く入りなましなど、語らひつれて登りける。やうやく時移るほどに、腹いみじくすきたり。ここにて携へ持たりし袋を見るに、中にはものなし。こはいづちにか落としけん、尋ね見よとて、かしこ、ここうち見れどもあるべくも覚えず。道の程にて落としたらば、今は獣にぞ食まれたらまし。尋ね得べきことかはとて、人々頭かいなでをり、山いと深く入りたれば、家さへ遠く、今はひたすら飢ゑに迫り、目くらむばかりなれば、歩みもやらで岩に尻打ちかけて、*かたみに顔をぞ見合はせたる、とばかりありて、一人の*山伏の僧出来て「なんぢが*ともがら、みだりにこの山に来たりて、我が党の遊戯を妨ぐ。このゆゑにこそ②かかる辛きめ見せつるなれ、疾く山を下るべし、さながら飢ゑて歩み難くば、これ*たうべて行け」とて、出したるものを見れば、先に失せつる[A]なりければ、人々をののき恐れ、こはこはいかにと色さへ真青になり持て行きつ。今は腹すきたることも忘れて、一足出して逃げ下りぬ。そもいかなるものにかありけん。いとあやしかりき。

（「猿著聞集」）

*いときなき時＝幼い頃。　*十七里＝約七十キロメートル。
*かたみに顔をぞ見合はせたる＝互いに顔を見合わせた。
*山伏の僧＝ここでは山伏（修験道の修行をする人）の姿に化けた天狗をさす。
*ともがら＝仲間。　*たうべて行け＝食べて行け。

(1) ——線部①「山雀、目白の小鳥を得ることおもしろければ」の現代語訳として最も適切なものを次から選び、記号で答えなさい。

ア 山雀や目白などの小鳥を捕まえることが面白いので
イ 山雀が目白などの小鳥を捕まえる様子が興味深いので
ウ 山雀や目白などの小鳥を捕まえられたら面白いだろう
エ 山雀が目白などの小鳥を捕まえるとしたら、興味深いだろう

（　　）

(2) ——線部②「かかる辛きめ」とあるが具体的にどのようなことを指すか。最も適切なものを次から選び、記号で答えなさい。

ア 山伏の姿で現れた天狗に罪を咎められ、尻を打たれたこと。
イ 山中で食べるものを失い、疲れ果てて歩けなくなったこと。
ウ 山伏に無用の殺生を戒められ、己の悪行の深さにおののいていること。
エ いつの間にか遠くまで来てしまったことに気づき、愕然としていること。

（　　）

(3) [A]に入る適切な言葉を、文中から抜き出しなさい。

（　　）

(4) 本文の内容と合うものを次から選び、記号で答えなさい。

ア 折兼は友人の巧妙な語りにだまされて、山の奥深くに迷い込んでしまった。
イ 折兼たちは持っていた袋を探すために、見覚えのない道へと入り込んでいった。
ウ 折兼たちは道の途中で獣に食われそうになり、身を潜め頭を抱えた。
エ 折兼たちは山伏の正体がわからず恐くなり、その場から急いで立ち去った。

（　　）

〔中央大杉並高〕

時間	合格点	得点
25分	80点	点

解答▼別冊26ページ

1 次の古文を読んで、あとの問いに答えなさい。

(ある男が)いづかたに火(火事)ありと聞きても、①ありあふ調度なんど縄にゆひつけて、井のうちへ入れつ。水に入れがたきものは袋(ふくろ)やうのものへうち入れて、かたはらさらずおきぬ(自分のそばにはなさず置いていた)。「火のかく遠きをいかでさは(どうしてそのように)したまふ(になさるのか)。」といへば、「焼けゆかば遠きも近くなりぬべし。」といふ。「風よければこなたへはきたらじ。」といへば、「風かはりなばさは(もし風向きが変わったらそん)あらじ(なことはないだろう)。」といふ。人みな笑ひぬ。

ある日いと遠方のなりしが、風とみに吹(ふ)きいでて、またたくうちに焼けひろごり、かの男のあたりも焼けうせぬ。火しづまりて、近きあたりのものら、「もの食はんとしてもうつはものなし。」となげけば、かの男したりがほにて、「かしてまゐらせん。」とて、かの縄を引きたぐれば、はさみよ、くしよなどいふもの引きあげつ。また袋のうちより、うつはものなど出(い)だしつつ、「つねづね人に笑はれずば、②いかでかかるときほまれしつべき。」といひしを、「げにも。」といひし人もありしとぞ。

(「花月草紙(かげつそうし)」)

重要 (1) ——線部①「ありあふ調度なんど」とは何を指すか。文中から十四字で抜き出しなさい。ただし、句読点等も字数に含める。(14点)

(2) ——線部②「いかでかかるときほまれしつべき」における男の気持ちを説明したものとして最も適切なものを次から選び、記号で答えなさい。(14点)

ア 困っている人々を助けることができて誇(ほこ)らしい気持ち。
イ 自分を笑った人々を助けることになって悔(くや)しい気持ち。
ウ 今回もまた助けてもらうことになって情けない気持ち。
エ 笑われていたのに今回助けてもらってうれしい気持ち。

(　　)

(3) この文中から得られる教訓として、最も適切なものを次から選び、記号で答えなさい。(14点)

ア 能ある鷹(たか)は爪(つめ)を隠(かく)す　イ 情けは人のためならず
ウ 備えあれば憂(うれ)いなし　エ 災(わざわ)いを転じて福となす

(　　)

(鹿児島—改)

2 次の古文を読んで、あとの問いに答えなさい。

太田左衛門大夫持資(さえもんのたいふもちすけ)は上杉宣政(うえすぎのりまさ)の長臣なり。鷹狩(たかがり)に出で雨に遭(あ)ひ、ある小屋に入りて①蓑(みの)をからんといふに、わかき女の何とももものをばいはずして、山ぶきの花一枝折りて出(い)だしければ、花を求むるに非(あら)ず、

とて怒りて帰りしに、是を聞きし人の、それは、

七重八重花はさけども山ぶきのみのひとつだになきぞ悲しき

といふ古歌のこころなるべし、といふ。持資おどろきてそれより歌に志をよせけり。

（「常山紀談」）

(1) 「ものをばいはず」を現代仮名遣いに直し、ひらがなで答えなさい。(4点)

（　　　　）

(2) ――線部①「蓑をからん」の意味として、最も適切なものを次から選び、記号で答えなさい。(6点)

ア 蓑を作ってほしい　イ 蓑をなくした
ウ 蓑を借りたい　エ 蓑を貸そう

（　　）

(3) ――線部②「怒りて帰りし」の主語として、最も適切なものを次から選び、記号で答えなさい。(8点)

ア 太田左衛門大夫持資　イ 上杉宣政
ウ わかき女　エ 是を聞きし人

（　　）

(4) ――線部③「いふ」とあるが、その会話部分のはじめの三字を抜き出して答えなさい。(8点)

□□□

(5) 次の会話は、この文章を読んだ生徒と先生のやりとりである。この会話を読んで、あとの問いに答えなさい。

生徒A　この話の中に出てくる古歌が重要な役割を果たしていると思うのですが、意味がよく分かりません。

先生　そもそもこの古歌は、この話よりも以前に詠まれた古い和歌のことですよね。この和歌の「みの」という言葉には二つの意味が込められているんですよ。一つ目の意味は「[a]の」という意味です。

生徒B　二つ目は「蓑」ですね。つまり、女は山ぶきの花を一枝差し出すことで[b]のですね。

生徒A　そうか。持資が歌に関心を寄せるようになったのは、[c]からなんですね。

① [a]に入る適切な言葉を、漢字で答えなさい。(10点)

（　　）

② [b]に入る内容として、最も適切なものを次から選び、記号で答えなさい。(10点)

ア 持資が優しい人かどうかを試した
イ 持資の役に立てないことをわびた
ウ 持資と親密になることを望んだ
エ 持資に自分の身の上を自慢した

（　　）

③ [c]に入る内容として、最も適切なものを次から選び、記号で答えなさい。(12点)

ア 女が暗に示した古歌の意味を自分が取り違えてしまったのは、鷹狩りに夢中だったせいだと反省した
イ 女とのやりとりを聞いた人から強く怒られ、古歌の知識がない自分を恥ずかしく思うようになった
ウ 和歌を口ずさんだ教養のある女に恋心を抱き、和歌のやりとりを通して親しくなりたいと願った
エ 女の行動が古歌を踏まえた風流なふるまいだったことを知り、和歌の道の奥深さに気づかされた

（　　）

〔鳥取〕

時間 25分　合格点 80点　得点 点　月 日

解答▼別冊27ページ

1 次の古文を読んで、あとの問いに答えなさい。

ある人いふ、盛長日記といふ書あり、世に稀なるよし。その内にありけるよし、*頼朝*沈淪して*蛭が小島にありし頃、常に*昵近して忠義を尽くせしは*安達藤九郎盛長、菊池源吾盛澄、両人なりしが、ある時、頼朝は盛澄をして*櫛けづらせおはしける。側に盛長もありしが、盛長申しけるは、「平家の暴悪日に増し、増長なせば、もはや義兵を挙げたまふ時節なり。平家を亡ぼし、君天下を掌握あらば、我にはどこどこを恩賞に給はるべし」と申しければ、頼朝笑ひて、「我らが今の身分、①いかで義兵を挙げんことかたかるべし。ⓐ況んや天下に旗を建てんことおぼつかなし。万一汝がA申すところ相違なきことに至らば、望むところは恩賞すべし」と笑ひたまふを、菊池は櫛を持ちながら②側を向いて舌を出しけるとや。さて、程なく頼朝*総追捕使となり、第一番に盛澄、第二番に盛長へ、多年の功を賞し領地を給ふに、盛長には望みしところにB猶加へ倍して給ふ。盛澄へは盛長よりも多く所領を給ひければ、盛長よろこばずして曰はく、「盛澄と我は、主人の*艱難を*扈従して同じく功をなせり。しかるに盛澄を先にしたまふさへ恨めしきに、賞したまふ領地もまた少なし」と申しければ、頼朝の曰はく、「両人の忠義いづれ分かずといへども、かくかくの時、盛長は所領の約をなせし。しかればその所領を得んと欲をもつてなす忠義なり。盛澄は是に反して舌を出せしは、頼朝天下を掌握せんはこと可笑しきこととCおもへり。しかれば頼みなけれども、主人なれば忠を尽くすといふところ、真忠ともいふべし。③是によつて一番に賞せる」とのたまふこと、ⓑ実にも尤もなることと、盛長日記といふ書にあらはせりとぞ。

（「耳嚢」）


*頼朝＝源頼朝（一一四九〜一一九九年）。　*沈淪＝落ちぶれること。

*蛭が小島＝静岡県にある、源頼朝の流刑地と伝えられている場所。

*昵近＝とても親しいこと。

*安達藤九郎盛長、菊池源吾盛澄＝二人とも頼朝側近の家臣。

*櫛けづらせおはしける＝櫛で髪を整えさせておられた。

*総追捕使＝反乱者などを討伐する官職で、守護の前称。頼朝はその任命権者として自らを日本国総追捕使と称し、ここではその意味で用いられている。

*艱難＝困難に遭い苦しむこと。　*扈従＝身分の高い人のお供をすること。

(1) ═線部ⓐ「況んや」・ⓑ「実にも」の文中での意味として最も適切なものを次から選び、記号で答えなさい。（4点×2―8点）

ⓐ 況んや　ア もっぱら　イ まして　ウ むしろ　エ どうして　（　　）

ⓑ 実にも　ア 少しは　イ 意外にも　ウ なるほど　エ なんとなく　（　　）

(2) ――線部A「申す」・B「猶加へ倍して給ふ」・C「おもへり」の、それぞれの主語にあたる人物の組み合わせとして最も適切なものを、次から選び、記号で答えなさい。(10点)

ア A 安達盛長 B 頼朝 C 菊池盛澄
イ A 頼朝 B 安達盛長 C 菊池盛澄
ウ A 安達盛長 B 頼朝 C 頼朝
エ A 菊池盛澄 B 安達盛長 C 頼朝

(　　)

難

(3) ――線部①「いかで義兵を挙げんことかたかるべし」の意味として最も適切なものを次から選び、記号で答えなさい。(20点)

ア なんとかして挙兵できないものだろうか。
イ どうして挙兵することが難しいのか。
ウ なんとか挙兵しないでいたいものだ。
エ どう考えても挙兵するのはたやすくなかろう。

(　　)

(4) ――線部②「側を向いて舌を出しけるとや」とあるが、菊池がこのようにしたのはなぜか。その説明として最も適切なものを次から選び、記号で答えなさい。(10点)

ア 頼朝に同じことを進言しようと考えていたのに、盛長に先を越されてしまったと思ったから。
イ 平家を亡ぼし頼朝が天下を取るということが、あまりにも現実とかけ離れていると思ったから。
ウ 盛長の厚かましい申し出に頼朝があきれ、代わりに自分が重く用いられると思ったから。
エ 頼朝と盛長の親密そうなやり取りを聞いて、自分が疎外されていると思ったから。

(　　)

記述 難

(5) ――線部③「是によつて一番に賞せる」とあるが、頼朝がこのように判断したのはなぜか。六十字以内で具体的に答えなさい。(36点)

(6) 文中の「盛長日記」に描かれている時代よりもあとに記された作品を、次からすべて選び、記号で答えなさい。(完答16点)

ア 平家物語　イ 徒然草　ウ 竹取物語　エ 土佐日記
オ 伊勢物語　カ 枕草子

(　　)

(東大寺学園高－改)

14 日記・紀行文①

読解のポイント

①作者の見たこと、経験したことを読み取る。
②作者の考えていること、感じていることを把握する。

例題 次の古文を読んで、①作者の見たこと、経験したこと②作者の考えていること、感じていることをまとめよう。

十日。今日は、この奈半の泊まり（港）に泊まりぬ。
十九日。日あしければ（天候が悪いので）、船出ださず。
二十日。きのふのやうなれば、船出ださず。みな人々憂へなげく。苦しく心もとなければ（出港がじれったいので）、ただ日の経ぬる数を、今日いくか、二十日・三十日と数ふれば、およびもそこなはれぬべし。いとわびし（まことにやりきれない）。夜はいも寝ず。

（「土佐日記」）

①作者の見たこと、経験したこと…船旅の道中、天候が悪く、同じ港に何日も留まっている。
②作者の考えていること、感じていること…他の乗船者と同様、なかなか出港できないことをやりきれなく、じれったく思っている。

● 「土佐日記」は、紀貫之が任国土佐から国司の任期を終え、京都に帰るまでの五十五日間の船旅の日記である。

1 次の古文を読んで、あとの問いに答えなさい。

五月ついたちごろ、つま近き（軒先）①花橘*の、いと白く散りたるを眺めて、

時ならずふる雪かとぞながめまし（季節はずれに降る雪かと眺めたことだろうに）花たちばなの薫らざりせば（薫っていなかったら）

足柄*といひし山の麓に、暗がりわたりたりし木（暗く茂り続いていた木）のやうに、茂れる所（我が家は）なれば、十月ばかりの紅葉、四方の山辺よりもけにいみじく（一段とすぐれて）おもしろく、②錦をひけるやうなる（引いたようである）に、外より来たる人の、「今、まゐりつる道に、紅葉のいとおもしろき所のありつる」といふに、ふと、

いづこにも劣らじもの（劣らないだろうに）をわが宿（家）の世を③あきはつるけしきばかりは

（「更級日記」）

*花橘＝香り高い白い花をつける木。ここではその花のこと。　*足柄＝地名。

(1) ——線部①「花橘の、いと白く散りたる」とあるが、それを見て作者が連想したものは何か。文中から抜き出しなさい。
（　　　）

(2) ——線部②「錦をひけるやうなる」とあるが、これはどこの風景について述べたものか。最も適切なものを次から選び、記号で答えなさい。
ア 四方の山辺　イ まゐりつる道　ウ おもしろき所　エ わが宿
（　　　）

(3) 記述 ——線部③「あきはつる」における「掛詞」をわかりやすく説明しなさい。

2 次の古文を読んで、あとの問いに答えなさい。 〔富山―改〕

＊伊予国松山の城下の北に山越といふ所あり。この所に十六日桜とて、毎年正月十六日には満開して見事なり。松山より花見とて群集す。

予がかの国に遊びしは四月の頃なりしかば、花の時におくれて見ざりき。①残り多き事なり。かの国の人にこの桜の由来を聞きしに、むかし、山越の里に老人有りけるが、年ごとに老いて、その上重きやまひにふし、頼み少なくなりけるに、ただ、この谷の桜に先立ちて、花をも見ずして死なん事のみをなげきて、今一たび花を見て死しなば、浮世に思ひ残す事もあらじなどせちに聞こえければ、その子かなしみなげきてこの桜の木の本に行きて、何とぞ我が父の死したまはざる前に花を咲かせたまはれと、誠の心をつくして天地に②いのり願ひけるに、その孝心、＊鬼神も感じたまひけん、一夜の間に花咲き乱れ、あたかも三月の頃のごとくなりける。この祈りける日、正月十六日なりければ、その後は今の世にいたるまでも、なほ、正月十六日に咲きけるなりとぞ。

（「西遊記」）

＊伊予国＝現在の愛媛県。　＊鬼神＝天地の神々。

(1) ――線部①「残り多き事なり」の内容として最も適当なものを次から選び、記号で答えなさい。

ア 十六日桜の花を見るために山越に滞在できる日は残っている。
イ 十六日桜の花を見に山越を訪れた人々は名残惜しそうである。
ウ 山越の十六日桜の花はまだ散ることなくそのまま残っている。
エ 山越の十六日桜の花を見られなかったのは残念なことである。

（　　）

(2) ――線部②「いのり願ひける」とあるが、何を祈ったのか。文中から抜き出し、はじめと終わりの三文字を答えなさい。

□□□～□□□

記述 (3) 次は、本文について話し合っている先生と生徒の会話である。A・Bに適切な言葉を補って会話を完成させよ。ただし、Aは文中から十二字で抜き出し、Bは適切な内容を考えて十五字以内の現代語で答えなさい。

先生　人々が十六日桜を見に集まるのはなぜですか。
生徒　はい。桜の由来が語られている部分にあるように、十六日桜は正月なのに、A満開になるからです。
先生　そうですね。では、この桜はなぜ咲いたのでしょうか。
生徒　はい。本文には、死ぬ前にもう一度桜の花が見たいという父親の願いをかなえたいと子が「誠の心」で祈り、その子のBに神々が感心なさったためであろうと書かれています。
先生　その通りです。この十六日桜は、孝子桜とも呼ばれ、現在でも多くの人々に親しまれているそうですよ。

〔鹿児島〕

A □□□□□□□□□□□□

B □□□□□□□□□□□□□□□

Step A　Step B　Step C

1 次の古文を読んで、あとの問いに答えなさい。

時間 25分　合格点 80点　得点　　点

解答▼別冊29ページ

月　　日

富士河といふは、富士の山より落ちたる水なり。その国の人の出でて語るやう、「一年ごろ、物にまかりたりしに、いと暑かりしかば、この水のつらに休みつつ見れば、河上の方より黄なる物ながれきて、物につきてとどまりたるを見れば、反故なり。とりあげて見れば、黄なる紙に、丹して、濃くうるはしく書かれたり。あやしくて見れば、来年なるべき国どもを、除目のごとみな書きて、この国来年あくべきにも、守なして、①また添へて二人をなしたり。あやし、あさましと思ひて、取り上げて、乾して、をさめたりしを、かへる年の司召に、この文に書かれたりし、ひとつたがはず、この国の守とありしままなるを、三月のうちになくなりて、またなりかはりたるも、このかたはらに書きつけられたりし人なり。かかることなむありし。来年の司召などは、この山に、そこばくの神々あつまりて、ⓐなし給ふなりけりと見給へし。②めづらかなることにさぶらふ」とⓑ語る。（「更級日記」）

＊物にまかりたりしに＝よそに出かけた折に。　＊反故＝ものを書いて不要になった紙のこと。　＊丹して＝朱筆で。　＊除目＝大臣以外の役人を任命する公事。またその目録。　＊守なして＝新任の国の守が当ててあり。　＊司召＝新任の役人を任命する公事。除目と同じ。　＊そこばくの＝たくさんの。

(1) ——線部①「また添へて二人をなしたり」とあるが、それはなぜか。その理由として最も適切なものを次から選び、記号で答えなさい。(20点)

ア 昨年の役人の方が今年の役人よりも優秀であったと考えたから。

イ 一人めの国の守が亡くなる定めにあることがわかっていたから。

ウ 除目と司召の二回分の役人の名前を書いておく必要があったから。

エ 一人だけではあやしく不安なので、二人そろえるのが慣例だから。

（　　）

難 (2) ——線部②「めづらかなること」とは、どういうことに対して言っているのか。その説明として最も適切なものを次から選び、記号で答えなさい。(20点)

ア 富士河の川上の方から、黄色の美しい文字で次の年の役人の人事が記された紙が流れてきたこと。

イ 新しい人事が記された紙が河から流れてきたのみならず、同じ役職に二人の人物の名があったこと。

ウ 次の年の役人の人事は、神々が人間の運命までも見通したうえで、決められたものであるということ。

エ 富士河から流れてきた紙の通りの人事となったせいで、人が一人亡くなることになってしまったこと。

（　　）

(3) ——線部ⓐ「なし給ふ」、ⓑ「語る」の主語をそれぞれ次から選び、記号で答えなさい。(5点×2—10点)

ア その国の人　イ 国の守　ウ 司召　エ 神々

ⓐ（　　）　ⓑ（　　）

〔清風高〕

2 次の古文を読んで、あとの問いに答えなさい。

福井は三里ばかりなれば、夕飯したためて出づるに、①たそかれの道たどたどし。ここに＊等栽と云ふ古き＊隠士有り。いづれの年にや、江戸に来りて予を尋ぬ。遥か十とせ余りなり。いかに老いさらぼひて有るにや、はた死にけるにやと、人に尋ね侍れば、「いまだ存命して、そこそこ」と、をしゆ。市中ひそかに引き入りて、②あやしの小家に夕顔・へちまのはえかかりて、＊鶏頭・ははき木に戸ぼそをかくす（入口をかくしている）。「③さては此のうちにこそ」と門を叩けば、侘しげなる女の出て、「いづくよりわたり給ふ道心の御坊にや。あるじは（主人は）、このあたり何某と云ふものの方に行きぬ。もし用あらば、尋ね給へ」と云ふ。かれが妻なるべしとしらる。むかし物がたりにこそかかる風情は侍れと、やがて尋ねあひて、その家に二夜とまりて、名月はつるがの湊にと旅立つ（敦賀の港でめでようと、旅立つ）。等栽も共に送らんと、裾をかしうからげて、道の枝折と（道案内にと）うかれ立つ。

（「おくのほそ道」）

＊等栽＝人名。　＊隠士＝俗世から逃れてひっそりと暮らす人。世捨て人。
＊鶏頭・ははき木＝「鶏頭」も「ははき木」も植物の名前。

(1) ――線部①「たそかれの道たどたどし」とあるが、それはどのようなことか。最も適切なものを次から選び、記号で答えなさい。(16点)

ア　もうすぐ真夜中になってしまうので友人の家まで先を急いでいるということ。
イ　福井までのあこがれの街道を歩くことができて浮き足立っているということ。
ウ　薄気味悪い道のりを進むのが、そら恐ろしく、腰が引けてしまっているということ。
エ　薄暗くなった中、足元が確かでなく、なかなか先に進めないということ。

（　　）

(2) ――線部②「あやしの小家」に対する作者の感想はどのようなものか。その説明として最も適切なものを次から選び、記号で答えなさい。(14点)

ア　賑やかな街の中にひっそりとたたずんだ、いかにも隠士の家に似つかわしい格式高いところ。
イ　草花が生え放題のみすぼらしい場所でありながらも、趣深い雰囲気のあるところ。
ウ　四季折々のしゃれた草花が隅々にまで丁寧に植えられている心づくしの庭のあるところ。
エ　うっそうと生い茂った植物に囲まれた日光の入らないような薄暗い不気味なところ。

（　　）

(3) ――線部③「さては此のうちにこそ」とあるが、「こそ」の下に省略されていると考えられる語として最も適切なものを、次から選び、記号で答えなさい。(10点)

ア　居る　イ　あり　ウ　あれ　エ　居り

（　　）

(4) 「おくのほそ道」の作者名を漢字で書きなさい。(10点)

（　　）

〔國學院高－改〕

15 日記・紀行文②

1 次の古文を読んで、あとの問いに答えなさい。

十一日。暁(あかつき)に船を出(い)だして、＊室津(むろつ)を追ふ(へ向かう)。人みなまだ寝(ね)たれば、海のありやう(様子)も見えず。ⓐただ、月を見てぞ、西東(にしひむがし)をば知り[A]。かかるあひだに、みな夜明けて、手洗ひ、例のことども(朝の支度や食事など)して、昼になりぬ。

今し、羽根(はね)といふところに来ぬ。わかき童(わらは)、このところの名を聞きて、「羽根といふところは、鳥の羽のやうにやある。」といふ。まだ幼き童の言(こと)なれば、ⓑ人々笑ふときに、ありける女童(以前に歌を詠んだ女の子)なむ、この歌をよめる。

まことにて名に聞くところ羽根ならば[B]がごとくにみやこへもがな

とぞいへる。男も女も、いかでとく京へもがな(なんとかして早く都へ帰りたいものだ)、と思ふ心あれば、この歌よしとにはあらねど、げに、と思ひて、人々忘れず。(「土佐(とさ)日記」)

＊室津＝現在の高知県室戸(むろと)市室津のことで、一行が船で都に帰る途中(とちゅう)で寄ろうとしている場所。

(1) ——線部ⓐの[A]に入る語を次から選び、記号で答えなさい。（　　）

ア ける　イ けれ　ウ たり　エ ぬ

(2) 次の会話文は、千秋さんたちが、——線部ⓑ「人々笑ふときに」について話し合ったときの会話の一部である。これを読んで、あとの①～③の問いに答えなさい。

千秋さん　「わかき童」の言葉の、地名の羽根から[C]を連想するという、子どもらしい無邪気(むじゃき)さに人々は笑ったのね。

春雄(はるお)さん　そうだね。その連想から、次に「ありける女童」がよんだ歌の中で「[B]がごとくに」というたとえを用いているんだね。

夏子さん　じゃあ、本文の最後に「人々忘れず」とあるのは、その連想がおもしろかったからかな。

冬実さん　どうかしら。「この歌よしとにはあらねど」とあるから、違(ちが)うと思うわ。

① [C]に入る適切な言葉を文中から三字で抜(ぬ)き出しなさい。

□□□

② 文中の和歌と会話の[B]に入る語を次から選び、記号で答えなさい。（　　）

ア 泳ぐ　イ 飛ぶ　ウ 乗る　エ 走る

記述 重要 ③ 夏子さんと冬実さんは、——線部「人々忘れず」に着目している。「人々」が「ありける女童」の歌を忘れないのはどうしてだと考えられるか。冬実さんの発言を踏(ふ)まえて三十字程度で答えなさい。

〔群馬—改〕

2 次の古文を読んで、あとの問いに答えなさい。

この場面までのあらすじ
作者たちは江戸に行く道中、ある商人に「川舟に乗って行けば三日で江戸に着く。歩いて行くことはない。私はすでに荷物を舟にのせた。あなたたちも同じ舟に乗りなさい。」と強引に誘われ、その夜のうちに同じ舟に乗った。

ひと日あまりくだりて、*関宿とやらんに着く。かくて雨の降り出でたるに、舟は川の岸によせて、四日ばかりはあるべし。

我が道のつれ（連れ人）は、こころはやきものなりければ、うちはら立ちて、「歩より行きたらん、きのふぞ江戸に入るべし。商人にぞ深く①たばかられたり。あな遅の舟の足や」と云ふに、商人打ち笑ひて、「此れほど*花ぐもりのけしき続きて、あまりに蛙の鳴きたれば雨こそふれ。おのおのの道のかたきは（道中の妨げをしたのは）、ただ[A]にこそあめれ（あるようだ）」とてかまはず。かくするほどに、西の風吹き出でて雲は東に流れ、虹の、こころよく彩りたれば、手手に舟の*苫押し上げつつ、「あすははやく江戸には着く也。おのおのも蛙と中なをりしたまへや」とて、かの高荷の上に*筵敷きわたして打ち見る。

（「紀行痩法師」）

*関宿＝現在の千葉県野田市の一部にあたる地域。水運上の要地として栄えた。
*花ぐもり＝桜の花が咲く時期の曇った天気のこと。
*苫＝植物で編んだ、小屋や舟を覆って雨露をしのぐのに用いるもの。
*筵＝ワラなどで編んだ敷物の総称。

(1) ——線部①「たばかられたり」とあるが、文中での意味として最も適切なものを次から選び、記号で答えなさい。

ア 遠慮された　イ 説得された　ウ 相談された
エ だまされた　（　　）

(2) [A]に入る適切な言葉を次から選び、記号で答えなさい。

ア 江戸　イ 商人　ウ 川舟　エ 雨蛙　（　　）

(3) 本文の内容と合うものを次から選び、記号で答えなさい。

ア 川舟に乗った作者たちは、四日ほどたっても江戸に到着しなかったが、強引に誘った商人は、気にもとめない様子であった。

イ 作者の連れ人は商人の態度に腹を立てて、「舟が遅いので、江戸まで歩いていきましょう。」と言って、歩いて行ってしまった。

ウ 商人は後ろめたい気持ちがあり、作者たちに対して「曇りの日が続きましたね。」と言いながら苦笑いを浮かべていた。

エ 商人は気をつかう様子で、「明日の早くには江戸に着く。」と言って、自分の失敗をごまかすために虹を見るふりをした。　（　　）

〔大阪〕

Step A　Step B　Step C

解答▼別冊31ページ

時間 25分　合格点 80点　得点　点

月　日

1 次の古文を読んで、あとの問いに答えなさい。

二十六日。まことにやあらむ、「海賊追ふ」と言へば、夜中ばかりより船を出だして漕ぎ来る途に、ⓐたむけする所あり。楫取りして幣奉らするに、幣の東へ散れば、楫取りの申して奉る言は、

「この幣の散る方に、御船すみやかに漕がしめ給へ」と①申して奉る。

これを聞きて、ある女の童の詠める、

わたつみの道触りの神にたむけする幣の追ひ風ⓑ止まず吹かなむ

とぞ②詠める。

この間に、風のよければ、楫取りいたく誇りて、船に帆上げなど③喜ぶ。その音を聞きて、童も老女も、いつしかとし思へばにやあらむ、いたくⓒ喜ぶ。

この中に、淡路の専女といふ人の詠める歌、

追ひ風の吹きぬる時は行く船のⓓ帆手打ちてこそ嬉しかりけれ

とぞ。

天気のことにつけつつ祈る。

（「土佐日記」）

＊幣＝神仏に祈りを捧げる時に使用するもの。旅では細かく切った紙で代用する。
＊道触りの神＝行路の安全をつかさどる神。　＊専女＝老女。

(1) ――線部①～③の主語の組み合わせとして最も適切なものを次から選び、記号で答えなさい。(8点)

ア ①楫取り　②楫取り　③女の童
イ ①女の童　②女の童　③楫取り
ウ ①楫取り　②女の童　③楫取り
エ ①楫取り　②女の童　③女の童

(　　)

(2) ――線部ⓐ「たむけする」の文中での意味として最も適切なものを次から選び、記号で答えなさい。(8点)

ア 供物を差し上げるところ　イ 令状をしたためるところ
ウ 身をお清めなさるところ　エ 挨拶を申し上げるところ

(　　)

(3) ――線部ⓑ「止まず吹かなむ」を現代語訳しなさい。(8点)

(　　)

(4) ――線部ⓒ「喜ぶ」の理由として最も適切なものを次から選び、記号で答えなさい。(12点)

ア 楫取りの「帆を上げ」という威勢のよい声を聞き、頼もしく感じたから。
イ 幣の舞い散る様子が、風流であったために思わず感動してしまったから。
ウ 船に帆を上げる音を聞き、早く恋しい都に帰れると思い嬉しくなったから。
エ ある女の童が自作の和歌を、道触りの神に贈る様子が愛らしかったから。

(　　)

(5) 淡路の老女が詠んだ和歌に「係り結び」が使われている。その「係助詞」と「結びの語」を抜き出しなさい。(完答12点)

係助詞(　　)　結びの語(　　)

(6) ——線部ⓓ「帆手打ちて」の説明として最も適切なものを次から選び、記号で答えなさい。(12点)

ア 帆が風をはらんではたはたと鳴るさまを、船が拍手して出立を喜ぶ姿に例えたことと、順調に船が進んでいくことを一行が拍手して喜ぶ姿を、重ねて表現している。

イ 風を受けて帆が波打つさまを、行く手が開けた船が感謝する姿に例えたことと、船が出立するための手段を見出した一行が感謝する姿を、重ねて表現している。

ウ 帆が風にあおられるさまを、船が手を叩いて笑う姿に例えたことと、船を操縦しきれない楫取りの滑稽な姿を一行が手を叩いて笑う姿を、重ねて表現している。

エ 風で帆がゆらゆら揺れるさまを、船が手を振って出立を祝う姿に例えたことと、一行が手段を講じて航路の安全を確保したことを祝う姿を、重ねて表現している。

(　　)

(7) 本文の内容と異なるものを次から選び、記号で答えなさい。(12点)

ア 一行は楫取りに船を操縦させただけでなく、道触りの神に幣をたむけさせた。

イ 一行を乗せた船が順調に航海できるように吹いた追い風は、東から西に吹いていた。

ウ 一首目の和歌が詠まれている間に良好な風が吹いてきたので、楫取りは得意気になった。

エ 専女の和歌は、一首目の和歌の「追ひ風止まず吹かなむ」に応えて詠まれた和歌であった。

(　　)

(8) 次の文章はある古典作品の冒頭に書かれているものである。どの作品の冒頭文かをそれぞれあとから選び、記号で答えなさい。(7×4—28点)

A 月日は百代の過客にして、行きかふ年もまた旅人なり。舟の上に生涯を浮かべ、馬の口とらへて老いを迎ふる者は、日々旅にして旅をすみかとす。(　　)

B ゆく河の流れは絶えずして、しかももとの水にあらず。よどみに浮ぶうたかたは、かつ消え、かつ結びて、久しくとどまりたるためしなし。(　　)

C 男もすなる日記といふものを、女もしてみむとて、するなり。それの年の十二月の二十日あまり一日の日の戌の刻に、門出す。(　　)

D あづま路の道のはてよりも、なほ奥つかたに生ひ出でたる人、いかばかりかはあやしかりけむを、いかにおもひはじめける事にか、(　　)

ア 方丈記　イ 更級日記
ウ 土佐日記　エ おくのほそ道

〔星野学園高—改〕

16 和歌・俳句 ①

Step A Step B Step C

月　日

読解のポイント（和歌）

①句切れ…意味の切れ目のこと。句切れのない歌もある。
②枕詞…特定の語を導くための定型表現。口語訳はしない。
例 あしひきの（→山）　ひさかたの（→光）
③掛詞…一つの言葉に同音の複数の言葉の意味をもたせる技法。
例 まつ（松・待つ）　はる（春・張る）　かる（枯る・離る）
④他に「体言止め」、「倒置法」、「縁語」、「序詞」などがある。

例題 次の和歌を読んで、用いられている掛詞を説明しよう。

風吹けば沖つ白波たつた山夜半にや君がひとり越ゆらむ

（歌の意味）風が吹くと沖の白波が立つというが、その白波のように険しい竜田山を、この夜更けにあなたは一人で越えていくのだろうか

●「たつ」に「白波が立つ」と「竜田山」の意味が掛けられている。

読解のポイント（俳句）

①季語…季節を表す語を詠み込むことで、情感を高める。
例 荒波や佐渡に横たふ天の川　（季語…天の川・季節…秋）
②切れ字…句を切る働きをする言葉。「や」、「かな」、「けり」など。

例題 次の俳句を読んで、①季語②切れ字を抜き出そう。

古池や蛙飛び込む水の音

①季語（季節）…蛙（春）　②切れ字…や

1 次の和歌を読んで、あとの問いに答えなさい。

解答▼別冊31ページ

① いとせめて恋しき時は［A］夜の衣をかへしてぞ着る
② ［B］神代もきかず竜田川からくれなゐに水くくるとは
③ ［C］光のどけき春の日にしづ心なく花の散るらむ
④ 立ちわかれいなばの山のみねにおふるまつとしきかば今かへりこむ
⑤ 春過ぎて夏来たるらし白妙の衣ほしたり天の香具山
⑥ 忘れては夢かとぞ思ふ思ひきや雪ふみわけて君を見むとは

（1）［A］・［B］・［C］に入る枕詞をそれぞれ次から選び、記号で答えなさい。

ア あしひきの　イ あらたまの　ウ ひさかたの
エ ぬばたまの　オ ちはやぶる　カ ももしきの

A（　）B（　）C（　）

重要（2）体言止めの歌はどれか。番号で答えなさい。（　）

（3）倒置法の使われている歌を三首選び、番号で答えなさい。
（　）（　）（　）

（4）④の歌で使われている掛詞を見つけ、二つの意味がわかるように漢字を用いて答えなさい。
（　）と（　）

（5）⑥の歌は句切れが二ヶ所ある。何句目と何句目か答えなさい。
（　）句目と（　）句目

2 次の俳句の季語と季節を答えなさい。

(1) 月天心貧しき町を通りけり　与謝蕪村
季語（　　）　季節（　　）

(2) 雪解けて村いっぱいのこどもかな　小林一茶
季語（　　）　季節（　　）

(3) 旅に病んで夢は枯れ野をかけめぐる　松尾芭蕉
季語（　　）　季節（　　）

3 あるクラスの国語の授業で、グループごとに百人一首の和歌から一首選び、紹介することになった。次は、Aさんのグループが【選んだ和歌】とそれについての【話し合いの一部】です。これらを読んで、あとの問いに答えなさい。

【選んだ和歌】

花さそふ嵐の庭の雪ならでふりゆくものは我が身なりけり　藤原公経

【話し合いの一部】

Aさん　この歌は春の歌かな、それとも冬の歌かな。

Bさん　「花」や「雪」という言葉があるから、よくわからないね。

Cさん　国語辞典を引くと、「花」には「桜の花」という意味もあるよ。そうすると、「花さそふ嵐」というのは桜の花びらを散らしている強い風の様子だと考えられるから、ここでの雪は実際の雪ではなく、「花吹雪」のことを指すと思うよ。

Aさん　じゃあ、春の歌と考えていいね。作者は桜の花びらが降りゆく中を歩いているのかな。美しい春の風景を詠んだんだね。

Bさん　でも、「ふりゆくもの」は「花びら」ではなくて「我が身」と書いてあるよ。どういうことなんだろう。

Cさん　あれ、この国語辞典では「ふりゆく」の「ふり」は「旧」という字を当てて「旧り」と読ませているよ。ということは、この言葉は「我が身」がだんだん［a］ことを嘆いているという意味になるのかな。

Bさん　そうか、「ふりゆく」は、花びらが「降りゆく」の他に、自分が「旧りゆく」という別の意味も持つ［b］になっているんだね。そうするとこの歌は、ただ美しいだけの歌ではなさそうだね。

Aさん　まるで雪のように散っている桜の花びらと、それを嘆きながら見つめる作者の姿を詠んでいるという感じかな。

(1) ［a］に入る適切な表現を考えて、五字以内で答えなさい。

(2) ［b］に入る適切な言葉を次から選び、記号で答えなさい。

ア 序詞　**イ** 季語　**ウ** 掛詞　**エ** 枕詞　（　　）

(3) Cさんの発言について説明したものとして、最も適切なものを次から選び、記号で答えなさい。

ア 自分と異なる意見を取り入れて、議論を発展させている。
イ 他の人の考えを自分の言葉で言い換え、理解を深めている。
ウ 話し合いを活発にするよう、疑問点をたくさん挙げている。
エ 調べて得た知識を根拠に、言葉の意味を推測している。

（　　）

〔宮城〕

時間 25分　合格点 80点　得点　点

解答▼別冊32ページ

1

次の古文は、兎が餅をついている絵に添えられた説明の文章である。これを読んで、あとの問いに答えなさい。

*出羽の国よりみちのくのかたへ通りけるに、山中にて日くれければ、からうじて九十九袋といへる里にたどりつきて、やどりもとめぬ。よすがらごとごとものひびく音しければ、あやしくて立出で見るに、古寺の広庭に、老いたるをのこの麦を*春くにて有りけり。予もそこら徘徊しけるに、月*孤峯の影を倒し、風*千竿の竹を吹きて、①朗夜のけしきいふばかりなし。此をのこ、［A］をいとひて、かくいとなむなめりと。やがて立ちよりて、名は何といふぞと問へば、宇兵衛と答ふ。

涼しさに麦を月夜の*卯兵衛哉

（「月夜の卯兵衛」）

*出羽の国＝今の山形県、秋田県。
*麦を春く＝麦を杵などで強く打って殻を取り除くこと。
*孤峯＝一つそびえ立っている峰。
*千竿＝竹林のたくさんの竹。　*卯＝十二支の四番目。兎を指す。

(1) ――線部①「朗夜のけしき」とはどのような夜か。最も適切なものを次から選び、記号で答えなさい。（10点）

ア 人里のにぎやかな夜　イ 古寺での不気味な夜
ウ 月の美しいさわやかな夜　エ 月影もない真っ暗な夜
オ 秋風の吹く寂しい夜　（　　）

(2) ［A］に入る適切な語句を次から選び、記号で答えなさい。（10点）

ア 山中の里　イ 風吹く音　ウ 秋の涼しさ
エ 昼の暑さ　オ 古寺の月　（　　）

(3) 「涼しさに」の句についてあとの問いに答えなさい。

① 切れ字をそのまま抜き出しなさい。（4点）（　　）

難　記述

② この句では「宇兵衛」の名が「卯兵衛」と書かれているが、それはなぜか。その理由を説明しなさい。（12点）

（　　）

(4) 次の句を読んで、あとの問いに答えなさい。（4点×3―12点）

五月雨や大河を前に家二軒　与謝蕪村

① 切れ字をそのまま抜き出しなさい。（　　）

② 季語と季節を答えなさい。

季語（　　）　季節（　　）

〔大阪教育大附高（平野）―改〕

2

次の［A］は、歌の成立事情を述べた前書きとその和歌であり、［B］は、これを学習している二人の生徒と先生が話している場面である。これらを読んで、あとの問いに答えなさい。

［A］

①東南に高き松あり、異木にすぐれていとめでたし。中つ枝より下つ方、しらかし（木の名前）のいとしげく茂りて、②いぶせかりければ、枝を払ひ削ぎけるに、松の姿いとよく見えていとど目もかれず（ますます目も離せず）、③なすべきわざも忘れて見る見る思ふに、詩などには十八公（十八歳の人）と文字によりていへることも

あり、げにおぼゆれば

二十年（はたとせ）に二年（ふたとせ）［a］君見れば我も若（わか）えし心地こそすれ
（「六帖詠草（ろくじょうえいそう）」）

B

青山　「松」の漢字を分解して「十八公」と表すことを、作者はなぜなるほど、と思ったのかな。

黒川　それはきっと、作者が松の木に、若々しい、というイメージを持っているからだと思うよ。

青山　そうか。だから実際に作者が見ているのは成熟した松の木なのに、「私も［b］」と詠（よ）んだんだね。

先生　そうですね。実は、この作者は、若い松の木も題材にして、次の歌を詠んでいますよ。
「生（お）ひそめてまだ二葉（ふたば）なる苗（なえ）なれど千世（ちよ）まつの木と見ればたのもし」

青山　「生まれてまだほんの二葉に過ぎない苗」と詠んでいるから、これは本当に若い松の木ですね。

先生　はい。でも、「千世まつの木」の「千世」は千年という意味で、この若い「松の木」は、これから「千年もの長い時間を［c］木」だから将来が楽しみだと詠んでいます。

黒川　二通りの意味を重ねることで、千年後のどっしりとした姿まで想像させるのがおもしろいですね。

先生　他にも、春の花や秋の紅葉も「松の緑に及（およ）ぶ色はない」という、松の緑を賞賛する、次の歌も詠んでいます。
「春秋の花も紅葉も一さかり松の常盤（ときは）にしく色ぞなき」

青山　どうして松の緑のほうがすばらしいというのかな。

黒川　辞書では「常盤」に「常葉（とこは）」という意味もあったよ。作者は、春の花や秋の紅葉の盛（さか）りが一時期であることに比べて、松の緑は［d］をほめているんだと思うな。

(1) ——線部①「東南」を十二支で表したものを次から選び、記号で答えなさい。（8点）

ア 坤（ひつじさる）　イ 乾（いぬい）　ウ 巽（たつみ）　エ 艮（うしとら）　（　　）

(2) 記述　——線部②「いぶせかりければ」とあるが、どのような状態がうっとうしかったのか。三十字以内で答えなさい。（10点）

(3) ——線部③「なす…思ふ」について、このときの作者の心情として最も適切なものを次から選び、記号で書きなさい。（4点）

ア 安心　イ 感動　ウ 期待　エ 共感　（　　）

(4) **A**の［a］の部分に入る言葉を次から選び、記号で答えなさい。（8点）

ア 老いて　イ 重ね　ウ 耐（た）えて　エ 足らぬ　（　　）

(5) **B**の［b］～［d］に入る言葉を、［b］・［d］は十字以内、［c］は二字で答えなさい。（b・d 8点×2、c 6点—22点）

b

c

d

〔福井〕

17 和歌・俳句②

Step A　Step B　Step C

月　日

解答▼別冊33ページ

1 次の俳句を読んで、あとの問いに答えなさい。

A　さみだれや田ごとの闇となりにけり
B　夕風や水青鷺の①脛をうつ
C　朝顔や一輪深き淵のいろ
D　木枯らしの果てはありけり海の音
E　夕燕われには翌のあてはなき

(1)　――線部①「脛をうつ」の主語を答えなさい。（　　）

(2)　A～Eの俳句で比喩が巧みで鮮やかな印象の残る句はどれか、記号で答えなさい。（　　）

(3)　Dの俳句の季語とその季節をそれぞれ答えなさい。
季語（　　）季節（　　）

重要 (4)　A～Dの俳句の中から切れ字を二種類、抜き出しなさい。
（　　）（　　）

(5)　次の文章は、Eの俳句を解釈したものである。［a］・［b］に入る言葉を五字以内で答えなさい。
［a］時に、せわしなく巣を出入りする燕がいる。それに比べて、この我が身には明日はどうなるのか、その［b］のだ。

a（　　）b（　　）

2 次の和歌A・Bを読んで、あとの問いに答えなさい。

A　春①立つと②いふばかりにやみよし野の山も霞みて今朝は見ゆらむ
（だけで、雪におおわれているはずの吉野山もかすんで今朝は見えているのだろうか）
壬生忠岑

B　雪のうちに春は来にけり鶯のこほれる涙今やとくらむ
（たのだなあ　凍っている涙も今ごろはとけているだろうか）
二条后

(1)　和歌Aの――線部①「立つ」の意味として、最も適切なものを次から選び、記号で答えなさい。
ア　垂直　イ　開始　ウ　退去　エ　上昇
（　　）

(2)　和歌Aの――線部②「いふばかり」を、現代仮名遣いに直し、ひらがなで答えなさい。
（　　）

(3)　次の文は、和歌Bについて説明したものである。［a］・［b］に入る適切な言葉を答えなさい。ただし、［a］は二字、［b］は十字以内で答えること。
まず、暦の上での季節と、実際の景色との［a］に気付いたことが示された後、「とくらむ」とあるように、目の前にはない［b］ことで、寒さの中の春が読み手に強く印象づけられている。

a
（　　）

b
（　　）

(4) 和歌A・Bで詠まれている季節と同じ季節が詠まれている俳句を次から選び、記号で答えなさい。

ア たなばたや児の額に笹のかげ
イ 掌に飾て見るや雛の市
ウ 巌によれば山のつめたき小春かな
エ 五月雨の降り残してや光堂

（　　）〔宮崎〕

3 次の和歌を読んで、あとの問いに答えなさい。

①
ア 石走る滝もとどろに鳴く蟬の声をし聞けば都し思ほゆ
イ このごろは花も紅葉も枝になししばしな消えそ松の白雪
ウ 梅の花匂ひを道の標にて主も知らぬ宿に来にけり
エ あしびきの山吹の花散りにけり井手の蛙は今や鳴くらむ
オ 人住まず荒れたる宿を来てみれば今ぞ木の葉は錦織りける

②
ア 津の国の難波の春は*夢なれや蘆の枯葉に風渡るなり
イ 沢水に空なる星の映るかと見ゆるは夜半の蛍なりけり
ウ 入日さす夕紅の色映えて山下照らす*岩つつじかな
エ 吉野山八重たつ峰の白雲に重ねて見ゆる花桜かな
オ 梅の花*かばかり匂ふ春の夜の闇は風こそうれしかりけれ

③
ア 来る人も無き我が宿の藤の花誰を待つとて咲きかかるらむ
イ 山桜咲きぬる時は常よりも峰の白雲立ちまさりけり
ウ この夕べ降りくる雨は彦星の早漕ぐ舟の*櫂の*ちりかも
エ きりぎりす夜寒に秋のなるままに弱るか声の遠ざかりゆく
オ 奥山の岩垣紅葉散り果てて朽葉が上に雪ぞ積もれる

＊夢なれや＝夢なのだろうか。
＊岩つつじ＝山や岩場に生えるつつじ。
＊かばかり＝こんなにも。
＊櫂＝舟を漕ぐ際に使うオール。
＊ちり＝飛び散ったしずく。

重要

(1) ①～③の和歌をそれぞれ季節の進行順に並び替えなさい。なお、和歌の世界では「古今和歌集」以来の伝統として、一年は立春から始まると考えられているので、ここでもそれにしたがうこと。

①（　）→（　）→（　）→（　）→（　）
②（　）→（　）→（　）→（　）→（　）
③（　）→（　）→（　）→（　）→（　）

(2) ①イの——線部「な消えそ」を現代語訳しなさい。

（　　）

(3) ①の和歌から枕詞を二つ抜き出しなさい。

（　　）（　　）〔慶應義塾高〕

時間 25分　合格点 80点　得点 点

解答▼別冊35ページ

1 次の古文を読んで、あとの問いに答えなさい。

今は昔、隠題（かくしだい）をいみじく興ぜさせたまひける帝（みかど）の、*篳篥（ひちりき）を詠（よ）ませられける（＝題に歌を作らせなさった時）に、人々わろく詠みたりけるに、木こる（＝きこり）童（わらは）の、暁（あかつき）、山へ行くとていひける、「このごろ、篳篥を詠ませさせたまふなるを、人のえ詠みたまはざなる（＝誰もがうまく詠めなかったそうだ）、童こそ詠みたれ」と言ひければ、具して（＝いっしょに）行く童部（べ）「あな、おほけな（＝身の程知らずだな）。①かかること、な言ひそ（＝言ってくれるな）。②様にも似ず、いまいまし」と言ひければ、「などか、必ず様に似ることか」とて、

③めぐり来る春々ごとに桜花いくたび散りき人に問はばや

と言ひたりける。④様にも似ず、思ひかけずぞ。

（「宇治拾遺物語（うじしゅういものがたり）」）

*篳篥＝管楽器の一種。雅楽（ががく）に用いる竹製の縦笛。

(1) ――線部①「かかること」の指し示す部分を十字以内で抜き出（ぬ）しなさい。（7点）

(2) ――線部②「様にも似ず」に込（こ）められた気持ちとして最も適切なものを次から選び、記号で答えなさい。（6点）

ア 帝の家来衆の真似（まね）などとんでもないと恐（おそ）れる気持ち。
イ 歌を詠む姿かたちになっていないと諭（さと）す気持ち。
ウ きこりが歌を詠んではいけないと心配する気持ち。
エ 身の程（ほど）を知るべきだと少年をいさめる気持ち。（　　）

(3) ――線部③の歌に詠み込まれている「題」の部分を歌の中からそのまま抜き出しなさい。（14点）（　　）

記述 (4) ――線部④「様にも似ず、思ひかけずぞ」とあるが、「思ひかけ」なかったこととは何か。解答欄（らん）に合うように十五字以内で答えなさい。ただし、句読点等も字数に含（ふく）める。（14点）

きこりの少年が

〔國学院大久我山高〕

2 次の古文を読んで、あとの問いに答えなさい。

恵心（えしん）*僧都（そうづ）は、修学のほか他事なく、道心者（＝仏教を深く信仰する者）にて、*狂言綺語（きやうげんきぎょ）の徒事（いたづらごと）を憎（にく）まれけり。弟子の*児（ちご）の中に、朝夕心を澄（す）まして、和歌をのみ詠（えい）ずるありけり。「児どもは、学問などするこそ、さるべき事なれ、この児、歌をのみ好みすく、①所詮（しょせん）なきもの（＝どうしようもない者）なり。あれ体の者あれば、余の児ども見学び、不用なるに（＝なまけるので）、明日里へ遣（や）るべし。」と、同宿によくよく申し合わせられけるをも知らずして、月冴（さ）えてもの静かなるに、夜うちふけて縁（えん）に立ち出（い）でて、*手水（てうづ）②使ふとて、詠じて云（い）はく、

A　手にむすぶ（＝手にすくった）水に宿れる月かげのあるかなきかの世にもすむかな

僧都これを聞きて、折節（＝今の世の中のありさま）といひ、歌の体といひ、心肝（こころぎも）に染みてあは

れなりければ、歌は道心のしるべにもなりぬべきものなりとて、この児をも留めて、③その後歌を詠み給ひけり。（「沙石集」）

＊僧都＝僧の役職の一つ。　＊狂言綺語＝道理に外れた言葉や飾り立てた言葉。詩歌の類いを指していう。　＊児＝学問を修めたり行儀作法を身に付けたりするために寺院に預けられた少年。　＊手水＝手や顔を洗い清めるための水。

(1) ——①「所詮なきものなり」とあるが、恵心僧都がこのように思った理由として最も適切なものを次から選び、記号で答えなさい。(6点)

ア「この児」が学問以外のことをしないから。
イ「この児」が和歌を詠んでばかりいるから。
ウ「この児」が他の児のまねばかりするから。
エ「この児」がすぐ実家に帰ろうとするから。

（　　）

(2) ——線部②「使ふ」のひらがなの部分を、現代仮名遣いで答えなさい。(7点)

（　　）

記述

(3) ——線部③「その後歌を詠み給ひけり」とあるが、次の文は、和歌を「徒事」と捉えていた恵心僧都が、自らも和歌を詠むようになった理由について述べたものである。Ⅰに入る適切な言葉を二十五字以内で答えなさい。(20点)

児の和歌に心を動かされ、Ⅰから。

記述

(4) 和歌Aについて、国語の時間にある班が話し合って解釈したことを、次のようにまとめた。Ⅱ・Ⅳに入る適切な表現を、それぞれ現代の言葉を用いて十五字以内で答えなさい。また、Ⅲに入る適切な語を答えなさい。ただし、句読点等も字数に含める。(Ⅱ・Ⅳ11点×2、Ⅲ4点—26点)

この和歌には、月の様子と児自身のことが詠み込まれていると考えられる。そのように考えたのは次の二点の解釈からである。

ⓐ「月かげのあるかなきかの世」という表現の解釈

月の姿がはかないということについて、この月はⅡので、少しでも揺れるとその形がすぐに変わってしまうということを表しているといえる。そして、その月の姿のように、自分の周りの世の中も無常ではかないものだということが重ねられているといえる。

ⓑ「すむ」という語の解釈

この語には、同音の二つの語の意味が重ねられていると考えた。その二つの語は、「澄む」と「Ⅲ」である。それぞれの語を解釈に当てはめると、前者は、月がはかない世の中でも澄んでいるということを表し、後者は、自分がⅣということを表すと考えられる。

Ⅱ

Ⅲ（　　）

Ⅳ

〔広島〕

時間 25分　合格点 80点　得点 　点

月　日

解答▼別冊36ページ

1 次の古文を読んで、あとの問いに答えなさい。

＊嘉祥寺僧都海恵といひける人の、いまだ若くて病大事にて、①限りなりけるころ、寝入りたる人、にはかに起きて、「そこなる文、＊など取り入れぬぞ」と、厳しく言はれけれども、さる文なかりければ、②うつつならずおぼえて、前なる者ども、あきれあやしみけるに、自ら③立ち走りて、＊明かり障子をあけて、＊立文をとりて見ければ、者ども、まことにⓐふしぎにおぼえて見る程に、これを広げて見て、④しばしうち案じて、返事書きてさし置きて、又やがて⑤寝入りにけり。

起き臥しもたやすからずなりたる人の、いかなりける事にかと⑥あやしみける程に、しばし寝入りて、汗おびただしく流れて、起き上がりて、「ふしぎの夢を見たりつる」と語られける。

「大きなる猿の、＊藍摺りの＊水干着たるが、立て文たる文を持ちて来つるを、人の遅く取り入れつるに、自らこれを取りて見つれば、歌一首あり。

Ⅰ　たのめつつこぬ年月をかさぬれば朽ちせぬ契りいかがむすばん

とありつれば、御返事には、

Ⅱ　心をばかけてぞたのむ＊ゆふだすき＊七のやしろの＊玉のいがきに

と書きて＊まゐらせつるなり。これは＊山王よりの御歌を＊たまはりてはべるなり」と語られければ、前なる人、あさましく、ⓑふしぎにおぼえて、「これは、ただ今、うつつにはべる事なり。これこそ御文よ。又、書かせ給へる御返事よ」と⑦言ひければ、＊正念に住して、前なる文どもを広げて⑧見けるに、つゆたがふ事なし。いとふしぎなり。

その後、［X］怠りにけり。（『今物語』）

＊嘉祥寺僧都海恵＝仁和寺の僧で、守覚法親王の弟子（一一七二〜一二〇七年）。
＊など取り入れぬぞ＝どうして取り入れないのか。
＊明かり障子＝明かりを取り入れやすいように白く薄い紙を張った障子。
＊立文＝書状を細長くたたんで紙に巻き、さらに「表巻き」という白紙で包み、上下の端を折ったもの。正式な包み方をした書状。「立て文たる文」も同じ。
＊藍摺り＝山藍の葉で模様を摺りつけたもの。
＊水干＝糊を用いずに水張りして干した布で作った狩衣（平安時代の男性の平服）の一種。　＊ゆふだすき＝木綿（木の皮を裂いて糸状にしたもの）で作ったたすき。神事を行う際に神官がかける。　＊七のやしろ＝日吉山王社の上七社、中七社、下七社のうち、特に信仰された上七社を指す。
＊玉のいがき＝社殿を囲む神聖な美しい垣根。
＊まゐらせつるなり＝差し上げたのである。
＊山王＝日吉山王社の神。　＊たまはりてはべるなり＝いただいたのです。「はべる」は丁寧語。　＊正念に住して＝精神を統一して。

(1) ——線部①・②・④の解釈として最も適切なものをそれぞれ次から選び、記号で答えなさい。（7点×3—21点）

① 「限りなりけるころ」
ア 我慢できなかった時　イ 苦しくなかった時
ウ 死ぬ間際だった時　エ 治ろうとしている時
オ 熱が下がった時　（　　）

② 「うつつならずおぼえて」
ア 勘違いをしているように思えて
イ 正気ではないように思えて

ウ 他の人の言ったことを思い出して
エ 病気になる前のことを思い出して
オ 夢の出来事を覚えていて　（　　）

④「しばしうち案じて」
ア すぐにあきらめて　イ 少しの間考えて
ウ 瞬時に判断して　エ 長い間黙っていて
オ 何度もうなずいて　（　　）

(2) ――線部③・⑤・⑥・⑦・⑧の主語として適切なものをそれぞれ次から選び、記号で答えなさい。（5点×5―25点）
ア 海恵　イ 前なる者ども
③（　　）⑤（　　）⑥（　　）
⑦（　　）⑧（　　）

(3) Ⅰ・Ⅱの歌に込められたものとして最も適切なものをそれぞれ次から選び、記号で答えなさい。（8点×2―16点）
Ⅰ「たのめつつこぬ年月をかさぬれば朽ちせぬ契りいかがむすばん」
ア 海恵が参詣すると言ったので、会うことを楽しみにしている山王の神の喜び
イ 海恵が参詣すると言ったのに、参詣しないことに対する山王の神の不満
ウ 海恵が参詣すると言ったものの、手紙だけ送ったことへの山王の神の失望
エ 山王の神が長年にわたり願いを聞いているのに、無視している海恵の厚顔さ
オ 山王の神が何度も現れるので、会う約束をし続けている海恵の苦しみ　（　　）

Ⅱ「心をばかけてぞたのむゆふだすき七のやしろの玉のいがきに」
ア 海恵に期待している山王の神の依頼心
イ 海恵を戒めようとしている山王の神のたくらみ
ウ 山王の神から離れようとしている海恵の自立心
エ 山王の神へ対抗している海恵の意地
オ 山王の神を頼りにしている海恵の信仰心　（　　）

(4) X に入る適切な語を、文中から漢字一字で抜き出しなさい。（8点）
□

(5) ……線部ⓐ・ⓑ「ふしぎにおぼえて」とあるが、どのようなことを「ふしぎに」思ったのか。それぞれ三十字以内で答えなさい。（15点×2―30点）
ⓐ
ⓑ

〔お茶の水女子大附高〕

総合実力テスト

解答▼別冊37ページ

時間	合格点	得点
30分	80点	点

月　日

1 次の古文を読んで、あとの問いに答えなさい。

*青侍ありて道をゆくに、里遠き所にて日暮れたり。「如何せん」とあたりをかけるに、林下に①古き宮あり。すなはち拝殿にあがり、柱にそふて、「ここにしも夜をあかさん」と思ふに、朱の*玉垣は年ふる苔にうもれ、*幣帛風にとんで、*浅茅がもとに朽つ。巫女の袖の鈴たへて、*きねが手向る祝もなし。露になく滋野の虫は、*榊をさそふ嵐にこたへ、壁に乱るる蜘蛛のゐは、庭の真葛が蔓にあらそふ。荒れしままの有様は、いとど秋てふ悲しかりける。

やや宵も*闌にして、四更の空とおぼしきころ、十九二十ばかりの女房、*孩子をいだきて忽然ときたる。「（中略）いかさまにも化生の者にこそ」と、②うしろめたく用心して侍りしに、女うちゑみて、抱きたる子に、「あれなるは父にてましますぞ。行きて抱かれよ」とてつきだす。

この子するすると来るに、刀に手かけてはたと睨めば、そのまま帰りて、母にとりつく。「大事ないぞ、行け」とて、つきだす。かさねて睨めば、また帰る。かくする事四五度にして、退屈やしけん。「いでさらば自ら参らん」とて件の女房、会釈もなく来るを、臆せずも、抜き討ちにちゃうど斬れば、「あ」といひて、壁をつたひ天井へあがる。

明けゆくしののめ白みわたれば、壁にあらなは貫をふみ、桁などつたひ、天井を見るに、爪さき長き事、二尺ばかりの蜘蛛、頭より背中まで斬りつけられて死したり。人の死骸有りて天井も狭し。ああ誰がかたみぞや。また、孩子と見えしは、*五輪の古りしなり。をよそ思ふに、化物と思ひ気をせきつつも、五輪を斬らば、*莫耶が剣もあるは折れ、あるは刃もこぼれなん。その時にして、人をとりしにや、よき工みなりかし。③此人も心せきて、身もはやらば、心のほかに越度もあるべし。思案して五輪を斬らざるは、ああ果報人かな。

（「宿直草」）

*青侍＝若くて官位の低い侍。　*玉垣＝神社の周囲に張り巡らした垣根。
*幣帛＝（神社の）しめ縄にさげるもの。　*浅茅＝一面に生えている野草。
*きねが手向る祝もなし＝神に仕える巫女が、祝詞（神に述べる言葉）を捧げている様子もない。　*榊＝神社に植えてある、常緑樹の一種。
*闌＝やや盛りをすぎたさま。　*孩子＝幼子。　*五輪＝五輪の仏塔。
*莫耶が剣＝名剣。

(1) ――線部①「古き宮」の描写の説明として最も適切なものを次から選び、記号で答えなさい。(10点)

ア 男が寄りかかった拝殿の柱は、やや朽ち果てつつあり、蜘蛛の巣がかかっていたり、真葛の蔓に覆われていたりした。

イ 巫女たちが袖を濡らして泣くように、榊を揺らす嵐の音に負けじと鳴く虫たちの声が、物悲しく響いていた。

ウ 朱色だった垣根は緑色に苔むし、毒々しい蜘蛛が張り巡らす巣は、真葛の蔓のようにあちこちにからまっていた。

エ 嵐の音や虫の鳴き声が響き、荒涼とした人気のなさは、いっそう秋の物悲しさを感じさせるのだった。（　）

(2) ――線部②「うしろめたく用心して侍りしに、女うちゑみて」の説明として最も適切なものを次から選び、記号で答えなさい。(8点)

ア 夫を探し求めていた女は、不気味な宮の中にいる男性を化物かと疑いつつ、微笑を浮かべながら近づいた。

イ 荒れて人里離れた場所に現れた女と幼子は化物に違いないと男は不安になったが、女は微笑して、子に話しかけた。

ウ 現れた女と幼子は、里に置いてきた妻子の生まれ変わりかと男は不安になったが、女は微笑を浮かべるだけだった。

エ 里に残していた妻と子が現れたと思い、男は引け目を感じたが、女は幼い子を抱きながら微笑んでいた。

（　　）

(3) ――線部③「此人も心せきて、身もはやらば、心のほかに越度もあるべし」の説明として最も適切なものを次から選び、記号で答えなさい。(8点)

ア 男が、五輪の仏塔を自分を恨む妻と子の化物だと勘違いして斬りつけていたら、刃を折るという侍としてあるまじき落ち度になっていたということ。

イ 男が、化物と勘違いして女を斬った行為は、実際は五輪の仏塔を斬りつけるという、仏法に背いた心外な行いとなってしまっていたということ。

ウ 男が臆病な気持ちを出さず、一度に女を斬ったので、間違えて五輪の仏塔を斬りつけるような野暮な間違いはしないで済ませられたということ。

エ 男が焦って子を斬りつけていたら、実際は刀が折れて化物に襲われてしまい、不本意なことに、他の人々と同様に命を落としていたということ。

（　　）

重要

(4) 文中から読み取れる教訓(テーマ)として最も適切なものを次から選び、記号で答えなさい。(10点)

ア 侍の面目を施すべき事　イ 化生の者に心掛ける事

ウ 急なるときも思案あるべき事　エ 人倫を侮らざる事

（　　）

〔拓殖大第一高―改〕

2 次の古文は、能について弟子の質問に師匠が答えたものである。これを読んで、あとの問いに答えなさい。なお、質問は現代語訳を掲げた。

質問。能には、人それぞれの得意芸があって、並はずれて下手な役者でも、ある一方面だけは上手な役者よりすぐれている所があります。その下手な役者の長所を上手な役者が採り入れて演じないのは、できないからでしょうか。それとも、①採り入れてはいけないからしないのでしょうか。

答。[A]の事に、得手得手とて、生得得たるところあるものなり。位はまされたれども、これは叶はぬことあり。さりながらこれもただ、よきほどの上手のことにての了簡なり。まことに能と工夫との窮まりたらん上手は、②などかいづれのむきをもせざらん。されば能と工夫とを窮めたる為手、万人が中にも[B]もなきゆゑなり。なきとは、工夫はなくて、慢心あるゆゑなり。

そもそも上手にもわろきところあり。下手にもよきところ、必ずあるものなり。これを見る人もなし。③主も知らず。上手は、名を頼み、達者に隠されて、わろきところを知らず。下手は、もとより工夫なければ、わろきところをも知らねば、よきところのたまたまあるをもわきまへず。されば上手も下手も、互ひに人に尋ぬべし。さりながら能と工夫を窮めたらんは、これを知るべし。

いかなるを*かしき為手なりとも、よきところありと見ば、上手もこれをまなぶべし。これ C の手だてなり。もしよきところを見たりとも、われより下手をば似すまじきと思ふ*情識あらば、その心に*繋縛せられて、わがわろきところをも、いかさま知るまじきなり。これすなはち、窮めぬ心なるべし。（中略）

されば上手にだにも、上慢あらば、能は下がるべし。いはんや叶はぬ上慢をや。よくよく公案して思へ。上手は下手の手本、④下手は上手の手本なりと工夫すべし。下手のよきところを取りて、上手の物数に入るること、無上至極の理なり。人のわろきところを見るだにも、わが手本なり。いはんやよきところをや。「稽古は強かれ、情識はなかれ」とは、これなるべし。

（「風姿花伝」）

＊得手得手＝人それぞれの得意芸。　＊為手＝役者。　＊をかしき＝下手な。
＊情識＝頑固な心。　＊繋縛＝束縛。

(1) A ～ C に入る適切な語をそれぞれ選び、記号で答えなさい（同じ記号は二度使えません）。（完答12点）
ア 一人　イ 第一　ウ 一切
A（　　）B（　　）C（　　）

記述
(2) ――線部①「採り入れてはいけないからしないのでしょうか」について、上手な役者が下手な役者の長所を採り入れない理由を師匠は何と答えているか、四十字以内で説明しなさい。（12点）

(3) ――線部②「などかいづれのむきをもせざらん」の意味として最も適切なものを選び、記号で答えなさい。（11点）
ア どのような芸でもできるはずはない
イ どうして芸をしないでいるのだろう
ウ どうして芸ができないのだろうか
エ どのような芸でもできないはずはない
（　　）

(4) ――線部③「主」とは誰のことを指すか。最も適切なものを選び、記号で答えなさい。（9点）
ア 観客　イ 主人　ウ 自分　エ 師匠
（　　）

記述　難
(5) ――線部④「下手は上手の手本」となる理由は何か。作者の考えを四十字以内で説明しなさい。（20点）

〔慶應義塾志木高〕

ひっぱると，はずして使えます。

ハイクラステスト

中学 古文

解答編

解答編

1 歴史的仮名遣い・古語の意味

Step A 解答

本冊▼2・3ページ

1
(1)よそおい (2)みずうみ
(3)かかん (4)すえおく
(5)おわす (6)ちょうど
(7)にゅうどう (8)いなおる
(9)つねならん (10)ようよう
(11)ふうりゅう (12)もうす
(13)ちょう (14)しょうえん
(15)かわず (16)しょうと
(17)にわか (18)こうぶり
(19)ちょうず (20)しょうなごん

2
(1)ならわしめんがために
(2)月
(3)②ウ ③カ ④イ
(4)例仲麿が異国で見た月から故郷を連想し懐かしさが募った(から。) (25字)

解説

1 (1)(5)(8)(15)(17)は本冊2ページ上段の②を参照。
(2)(15)(19)は本冊2ページ上段の③を参照。
(3)は本冊2ページ上段の④を参照。
(4)(8)(14)は本冊2ページ上段の①を参照。
(6)(7)(10)(11)(12)(13)(14)(16)(18)(19)(20)は本冊2ページ上段の⑥を参照。
(9)は本冊2ページ上段の⑤を参照。

2 (2)この和歌は唐にいる仲麿が月を見て、日本の三笠(みかさ)の山の上に出る月と同じ月を見ているのだと思い、懐(なつ)かしさを情景に託(たく)して詠んだ一首。
(3)――線部②「あまた」は漢字では「数多」と書く。③「いみじく」は程度のはなはだしいことを意味する形容詞。④「はかなき」は「ちょっとした」「頼りにならない」などの意味を持つ形容詞。
(4)「この国」は日本、「かの国」は中国(唐)のこと。何がきっかけで和歌を詠み、泣いたのかを考える。仲麿は、月を見て日本のことが思い出されて懐かしくなったのだ。

現代語訳

2 今となっては昔のことだが、阿陪仲麿という人がいた。遣唐使として学問をするためにその国(唐)に渡った。

長い年月が経ち、帰国できていなかったが、仲麿とは別に日本から□という人で遣唐使として行ったが、(この人物が)帰るのに連れだって「帰ってしまおう」と(考えて)明州という地の海の近くで、唐の人々が送別の宴(うたげ)を開いた時に、夜になり月がとても明るかったのを見て、ちょっとしたことにつけても、日本のことが思い出され、悲しいくらい恋しく思ったので、故郷の方を見渡しながら、このように歌に詠んだ。

大空をはるかに眺(なが)めやるとちょうど月が上っているが、故郷の春日にある三笠山の上に出た月と同じなのだなあ

と詠んで泣くのだった。

ここに注意

2 (1)語頭以外の「はひふへほ」の文字は「わいうえお」の音で読む。「しめむ」の「む」は助動詞で「ん」と読む。

Step B 解答

本冊▼4・5ページ

1
(1)例虎を追い払(はら)うこと
(2)こいねがわくは
(3)天 (4)イ
(5)④イ ⑤ア
(6)わが命～たまへ(17字)
(7)虎口の難(4字)

2
(1)ⓐよろず ⓑおもうよう
(2)例人の声と共に犬の鳴き声もした(こと。)(14字)
(3)よしな～ものを
(4)オ

解説

1 (1)――線部①の直前で楊香は父の命を失うことを恐れて、虎を追い払おうとしている。「侍りけれども」が逆説を表しているので、その後ろの文は反対の内容が書かれている。「かなはざる」は「思いがかなわなかった」という意味。

(3)「思ひたまひける」と尊敬語が使われていることに着目。ここで敬意の対象となるものは天。貴族や皇族だけでなく、仏や観音などにも敬語が用いられる。

(4)「食はん」の「ん」は助動詞「む」と同じで、ここは虎の意志を表す。

(6)自分の命と引きかえに父を助けてほしいと天に祈っている部分に、孝行心が明確に示されている。

(7)虎に食われる危機を「虎口の難」と表現している。現在でも極めて危険なところを意味する慣用表現として用いられる。「奇特」は不思議なこと。また、「荒き虎」(3字)と解答しても正解。

2 (2)「これ」の指す内容が原因となって鹿は山中に逃げたのである。

(3)――線部②の直後、「よしなき」から「〜と」で受ける「わが助けなるものを」までが鹿が思ったこと。

(4)**ア**「自慢していた」**イ**「妬みの気持ち」**ウ**「角と足のいずれも」は書かれていない。「思ひ絶えぬ」は「命を落とした」ことを表すので、**オ**が適切。

現代語訳

1 楊香には父が一人いた。ある時、父と共に山に行ったところ、すぐに荒々しい虎と出会った。楊香は父の命が失われることを恐れ、虎を追い払おうとしましたができなかったので、天の神様の御慈悲を願って「どうか私の命を虎に与え、(そのかわりに)父をお助け下さい」と心をこめて祈ったところ、やはり天の神様も気の毒にお思いになったのだろうか、それまで荒々しい姿で取って食べてやろうとしていた虎が急に尾をすぼめて逃げ去ったので、父子とも、虎に食われるという災難を逃れ、無事に家に帰ったということです。これはもっぱら親孝行の気持ちが強いがために、このような神仏の不思議をあらわしたのに違いない。

2 ある時、鹿が川のほとりに出て水を飲んだ時に自分の角の影が水面に映って見えたので、その角の形を見て「それにしても私の頭にある角は、あらゆる獣の中で並ぶものがいない(ほど立派)だろう。」とうぬぼれの気持ちを持った。(その一方で)また自分の四本の足の影が水面に映り、大変頼りなく細くて、しかも蹄が二つに割れている。そこでまた鹿が思うに、「角は立派であるけれど、私の四肢は嫌なものだ。」と思っていたところに人の声がかすかに聞こえ、他に犬の声もした。それで、その鹿は山中に逃げ入り、あまり慌てふためいたので、ある木の股の所に自分の角を引っかけ、(体が)ぶらりと宙に下がってしまった。抜こう抜こうとするがどうにもならない。鹿は心の中で、「つまらない今しがたの私の心であるよ。たいそう自慢していた角が仇となり、(逆に)嫌がっていた四肢こそが我が身の助けになるというのに」とつぶやいて息絶えた。このように、人間もまたこれと変わらない。「大切に育んできたものが仇となり、(逆に)うとんじて遠ざけていたものが自分の身の助けとなることよ。」と後悔することは、よくあることである。

ここに注意

2 (2)現代文を読む場合と同様、指示語の前の部分に注目する。

2 古文の特徴 ①

Step A 解答 本冊▼6・7ページ

1 (1)女(作者)
(2)①果てて ②し終へて ③取りて
④出でて ⑤渡る
(3)Aが(は) Bを

2 ①いづれ〜に近き
②駿河の〜く侍る

3 (1)イ (2)エ

解説

1 (3)Aは、「ある人」が主語になるので「が」もしくは「は」。Bは、「例のことども」が「し終えて」の目的語なので「を」。

2 帝と「ある人」との会話の場面。結びや引用を示す「〜と」に着目する。

3 (1)――線部①は「足をそろえて横木を越える」ので、主語は馬。それを見ているのが泰盛なので②の主語は泰盛。

(2)作者は、泰盛を並ぶものがないくらいの乗馬の達人だとほめている。問題ではその理由を問うているので本文全体を読むと、泰盛が馬をよく観察して選んでいることがわかる。

○現代語訳○

1 男も書くとか聞いている日記というものを、女である自分も書いてみようと(思って)書くのである。(中略)

ある人(が)地方勤務の四年五年が終わり、習わしの事務引き継ぎをみなすませ、解由状などを受け取り、住まいの庁舎から出て、船に乗る予定の場所へ移る。あの人もこの人も、知っている(人も)、知らない人も見送りをする。

2 (帝は)大臣や公卿をお呼びになり、「どの山が天に近いか」とお聞きなさると、ある人が申し上げるには、「駿河の国にあるとかいう山がこの都にも天にも近うございます」と申し上げる。

3 城陸奥守泰盛は、並ぶものがいないほど優れた馬乗りであった。馬を厩舎から引き出させたところ、その馬が足をそろえて敷居をひらりと越えるのを見て、「これは気が立っている馬だ」と言って、(別の馬に)鞍を置き替えさせた。また、(ある馬が)足を伸ばして飛びこえようとする敷居に当ててしまったところ、「これは動作がのろいので失敗するに違いない」と言って乗らなかった。

! ここに注意

2 二つ目は引用の「と」に注意して、帝の問いへの答えとして「奏す」という敬語をヒントにして探す。

Step B 解答

本冊▼8・9ページ

1 (1)いま秋～待てよ
(2)みの虫
(3)例粗末な
(4)ⓐ親(鬼) ⓑみの虫 ⓒみの虫
(5)例秋になったら迎えに来ると言った親が来ないから。

2 (1)Ⅰ例災難にあう(5字)
Ⅱ例財産を守る用心(7字)
Ⅲ例苦しめ悩ませる(7字)
(2)例欲のままに振る舞わず、常に満足することを知るということ。

3 (1)例強盗を転ばせるため。(10字)
(2)エ
(3)(縫殿頭)信安
(4)ア

解説

1 (1)会話の終わりの「～と」を見つけてから、始まりの箇所にさかのぼると見つけやすい。

(2)この文章では、みの虫の外見について、鬼の子だというたとえを用いて述べている。すなわち、鬼がみの虫を産んだ、と言っているのである。

――線部①の直前の「の」は主格を示す格助詞。

(5)八月(葉月)は旧暦では秋。秋になったら来ると言った親を待ちながら心細げに鳴いていたのである。

2 (1)Ⅰ「欲深き故なれば、これわざはひの本也」に着目する。Ⅱ「身をわづらはす」の原因として「用心に隙なき心」が挙げられている。つまり「財産を守る用心」ばかりしていて心に余裕がなくなるという意味。ⅢはⅠ・Ⅱの結果として自分を「わづらはす」状態となる。

(2)本文のまとめにあたる最後の二文に着目する。

3 (1)「強盗をすべらかさむ料に」とある。これが目的である。

(4)用心しすぎた結果負傷したのだから、何事もやり過ぎることは、足りないことと同じようによくない、という意味のアが正しい。

○現代語訳○

1 みの虫、(これは)とても趣がある。鬼が産んだから、親に似てこの子も恐ろしい気性があるだろうと思い、親が粗末な着物を着せて「そのうち、秋風が吹いたなら、その頃に来るつもりだよ。待っていなさい。」と言い置いて、逃げて行ってしまったのも(みの虫は)知らず、秋風の音を聞き知って、八月頃になると「ちちよ、ちちよ。」と心細げに鳴くのは、本当にしみじみと趣深いことだ。

2 老子が言うには、「欲深い人は身体を悪くし、財産の多い人は自身を苦しめ悩ませる」という。苦しめ悩ませるとは財産を守る用心のために余裕がなくなることである。確かに、十分に満足することを知らない者は、欲が深いため災難にあう原因となる。財産はまた自分自身を損なう原因である。このためにその欲のままに振る舞ってはいけない。常に満足することを知るべきだ。

3 縫殿寮の長官で藤原信安という人がいた。世間に強盗が流行っていた頃に、もし家に入られたら困るというので強盗を転ばせるために、日が暮れると家の周りに小竹の片を多くまき散らして、翌朝になると片付けていた。

ある夜、奉公に参っていた貴族の邸の近くで火事があったので、信安は慌てて家を出ようとして、自分でまき散らした小竹に足をとられすべり転んでしまった。腰を折ってしまい、年寄りだったのでひどく苦しみ、何日も経ってからどうにか回復した。

用心をしすぎることが自分の身に降りかかって、あだになるというのは、滑稽なことである。

ここに注意

1 (3)「あやし」は、「怪し、奇し」の「不思議だ」という意味の他にも「賤し」の「粗末だ」、「賤しい(身分が低い)」などの意味も持つ頻出古語である。現代語の「あやしい」の語源となる語。古語を読解する際は、古語と現代語との意味の違いに注意する。

3 古文の特徴 ②

本冊▼10・11ページ

Step A 解答

1 (1)ウ　(2)キ　(3)オ　(4)ク　(5)エ　(6)イ　(7)カ

2 (1)例桜は花盛りに、月はかげりもない時だけを見るものだろうか(、いや、そうではない)。
(2)こそ・ぞ(順不同)　(3)ウ
(4)イ
(5)ア

解説

1 (1)「な〜そ」は禁止の用法。
(2)「こそ」は強意の係助詞で、「鳴け」は命令形ではなく已然形(係り結び)。
(3)「未然形＋なむ」は他者への願望を表す。
(4)「え〜打消(ざり)」で不可能を表す。問題文の「けり」は過去の助動詞。
(5)「ず」は打ち消しの助動詞。
(6)「む」は推量の助動詞。
(7)「やは」は反語・疑問の係助詞。

2 (1)反語は「〜か、いや〜ではない」。
(2)「係り結び」を形成する係助詞は五つある。「ぞ・なむ・や(やは)・か(かは)・こそ」このうち、「ぞ・なむ・こそ」は強意の用法。「や・か」は疑問・反語の用法。
(3)「まかる」には謙譲語と丁寧語の用法がある。ここでは特定の対象に敬意を払っているのではなく、詞書の読み手に向けた丁寧語である。
(4)［A］を含む一文の反語表現「かは」に着目する。歌の詞書に「花見に参らずに詠んだ」などと書いてあるのは、［A］と言う詞書に劣るものではないと述べている。つまり［A］は「花見に参らずに」の反対の「花を見」た状態で詠んだことを表す。
(5)「さること」は「そのようなこと」「もっともなこと」という意味。

現代語訳

2 桜は花盛りに、月は少しのかげりもない時だけを鑑賞するものであろうか(いや、そうではない)。雨に向かって(雲で見えない)月を恋い慕い、簾をたらして家の中に閉じこもっていて、春の暮れていくのも知らないでいるのもやはりしんみりとさせられて情趣が深い。今にも咲きそうな梢とか、散ってしおれている庭などこそ見どころも多い。歌の詞書にも「花見に参ったところ、もう散り終わってしまって」とか、また「さし障りがあって(花見に)行かなかった」などとも書いてあるのは、「花見をして」と書いてあるのに劣っていることであろうか(いや、劣っていない)。花が散り、月が(西の山)に傾くのを慕うならわしは、もっともなことであるけれど特に情趣を解さない人は「この枝も、あの枝も散ってしまった。今はもう見る価値がない」などと言うようである。

ここに注意

2 (1)筆者である兼好法師は散りゆくもの、移りゆくものに美を見い出し、満開の桜や満月だけではなく、見えない月や散りゆく桜に趣を感じている。

Step B 解答

本冊▼12・13ページ

1 (1)ⓐア　ⓑイ　ⓒア
(2)①きわ　②まいりたまい
(3)例成範卿が「うちや恋しき」の問いに「うちぞ恋しき」と返歌した。(30字)
(4)ウ

2 (1)エ　(2)ウ　(3)ア　(4)エ
(5)イ　(6)ウ

解説

1 (1)――線部ⓐを含む一文について「ことありて、……あらざりければ」は、冒頭の「成範卿」についての説明である。成範卿は以前は女官(女房)の部屋にも入ることができたが、流罪を解かれて戻ってきたばかりで、今はそうではないのである。ⓑ「女房の中より」とあることから、部屋の中から女官が成範卿に向かって歌を詠んでいると判断できる。ⓒ御簾の内へ返歌を差し入れて退出した人物は成範卿。

(3)成範卿は、たった一文字「や」を「ぞ」に変えただけで返事を成立させたのである。

(4)「ありがたし」は「めったにない」という意味。成範卿の機転の利いた返歌を賞賛している。

2 (1)「返り事」のあり方について。質問された時にわざとわかりにくく、いいかげんに答える姿勢を作者は批判している。

(2)「さだかに」は「確実だ」という意味。直前に「知りたることも」とあり、知っていてなおかつ「さらに深く知りたい」という質問者の真剣な姿勢を受け止めているので、ウが適切。「ん(む)」は意志を表す助動詞。

(3)ここでの「おとなし」は「大人びている」という意味ではなく、「穏やか」、「温和である」ということ。本当に知らないで問う人もいるから、はっきりと説明してあげれば穏便に済むだろうという意味。

(4)直前に「こそ」があるので已然形を選ぶ(「強調」を表す係り結び)。

(5)「おぼつかなし」は「はっきりしない」の意味。「おぼつかならぬ」と打ち消しているので「はっきりわかるように」となる。

(6)ここまで述べてきた、人に質問された時に、はっきりとした答え方をしないことを指している。

○現代語訳○

1 成範卿が、罪を許され京に戻ってきて、宮中に参上なさったところ、昔は女官の部屋に入ることを許された人であったが今はそうではなかったので、女官の一人が部屋の中から昔を思い出し、

　宮中は昔と変わりませんが、(あなたは今はこの御簾の内側に入れません)以前あなたが見たこの御簾の内側が懐かしいですか

と詠んで差し出したのを、返事をしようとして、(成範卿が)灯籠のそばに寄ったところ、小松大臣が参りなされたので、急いで立ち去ろうとして、灯籠の火をかき出す棒のきれはしで「や」を消して、「ぞ」の字をその横に書き、御簾の中に差し入れて退出なさった。

　女房がそれを手に取ってみると、「ぞ」の一文字で返歌をなさっていて、まれにみる素晴らしさであった。

2 人が物を尋ねた時に、(問われた人が、この人は)それについて知らないわけではあるまい、(だから)ありのままに答えることは、ばかばかしいと思うのであろうか、尋ねた人の心を惑わすように返事をしてしまうのはよくないことだ。知っていることも、さらにはっきり知りたいと思って問うのだろう。また、本当に知らない人(から尋ねる場合)も、どうしていないと言えるだろうか。はっきりと答えてやれば、穏やかに聞こえるだろうに。相手の人がまだ聞き知らないことを、自分は知っているからといって「ほんとにまあ、あの人のことはあきれましたよ。」などとだけ手紙に書き送ると、「どんなことがあるのですか」と折り返し問うのは相手の人にとって不快なことである。世間では常識のようになったことをたまたま聞きもらす人もいるので、相手にとってはっきりとわかるように話してあげるというのは悪いことだろうか(いや、悪くない)。このようなことは、まだ世慣れしていない人が、よくすることなのだ。

ここに注意

1 (3)疑問の係助詞「や」を用いた「うちや恋しき」という疑問文を、強調の係助詞を用いて「うちぞ恋しき(懐かしいです)」と

いう肯定文に変えた、成範卿の機転の利いた返歌を読み取る。

4 古文の基礎知識

Step A 解答 本冊▼14・15ページ

1 (1)①睦月 ②弥生 ③皐月 ④文月 ⑤長月
(2)方丈記・徒然草(順不同)

2 (1)①午前二時 ②午後四時 ③(午前)零時 ④正午
(2)①南東 ②南西 ③南 ④北東
(3)古事記・日本書紀(順不同)
(4)万葉集・古今和歌集・新古今和歌集(順不同)
(5)アd イb ウa エc

解説

1 (2)「方丈記」は鴨長明の著作。「徒然草」は兼好法師(吉田兼好)の著作。ともに鎌倉時代に成立した。

2 (2)北東の方角である艮は、陰陽道では鬼門、すなわち縁起の悪い方角とされている。同様に南西の方角である坤は裏鬼門とされる。
(3)「古事記」「日本書紀」ともに奈良時代に成立した日本の歴史書。

現代語訳

1 正月一日、三月三日は、すっかり晴れ渡っているのがよい。五月五日は終日曇ったままで過ぎてしまうのがよい。七月七日は、終日曇ったままで、夕方は晴れた空に、月がたいそう明るく、星の数も数えられるほどなのが味わい深くてよい。

九月九日は、未明から雨が少し降って、菊に降りた露も多く、着せ綿(八日の夜に菊の花にかぶせておいた真綿)なども ひどく濡れ、綿に移した菊の香りも、引き立てられているのがおもしろい。翌朝には雨も止んでしまってはいるが、やはりどんよりとして、どうかすると(今にも雨が)降り落ちそうに見えているのもおもしろい。

ここに注意

2 (4)和歌には「三大集」とは別に「三代集」(新古今和歌集・後撰和歌集・拾遺和歌集)と呼ばれるものもある。

Step C 解答 本冊▼16・17ページ

1 (1)ア (2)ウ (3)エ
(4)例長男が、亡くした実の母と同じように心から孝行するから。(27字)
(5)例血のつながらない長男を自分の形見と思ってかわいがるようにという夫の遺言。(36字)
(6)エ

2 (1)ⓐウ ⓑア ⓒイ
(2)例帝の、明宗の笛の演奏を聴いてみたいという願い。(23字)
(3)エ (4)落縁 (5)ウ

解説

1 (2)病気の父が、今の妻に話している場面である。「あはれみ育む」の直前にある「兄のをのこ」は目的語。「兄のをのこ」を育んでいるのは今の妻である。
(3)「つゆ」は副詞。「つゆ〜ず(打消)」で「少しも〜ない」と訳す。形容動詞「おろかなり」は「いいかげんだ」という意味。
(4)——線部②の直前の「すれば」(=するので)に着目する。「失せにし…」以降に兄の継母に対する態度が述べられている。ここが理由に当たる。
(5)亡くなった夫の遺言は、長男の行く末が心配であり、彼を形見と思ってかわいがってくれということ。「たがへず」は、妻が遺言にそむかず守ったということ。

2 (1)═線部ⓐ明宗に笛を吹かせたのは、帝から明宗に笛を吹かせるように命令された女房。ⓑ帝が自身への尊敬語「おぼしめす」を用いている。ⓒ帝に笛の演奏を聴かれて気後れしていたのは明宗である。
(2)帝は明宗の笛を聴きたいと所望したが、臆した明宗は帝の前で演奏することができなかった。
(3)「こそ」があるので已然形(係り結び)。
(4)明宗が縁から落ちたこと、すなわち「落縁」と雅楽の曲名「楽塩」が掛けられている。
(5)ア・イ・エの帝の行動は、いずれも本文と合わない。

5 物語 ①

StepA 解答

本冊▼18・19ページ

1 (1)エ (2)しわす (3)ア
(4)A避らぬ別れ B手紙

2 (1)①例美しい
②例詩歌・管弦の催し ③例理由
(2)月を弓～まつれ
(3)つこうまつりける
(4)エ

解説

1 (1)「かなし」には現代語同様に「悲しい」という意味もあるが、主に「愛し」にあたる、「かわいい」「いとおしい」という意味で用いられる。(3)「老いぬれば…」の和歌が書かれた手紙を受け取ったのは「男」。都に住んでいるためなかなか会えないでいる息子に母親が送った和歌である。(4)A「避らぬ別れ」は直訳すると「避けられない別れ」。転じて「死別」を意味する。B「文」には他にも書物や漢詩文という意味もあるが、ここでは手紙。

2 (1)――線部①「おもしろき」には「趣深い、楽しい」といった意味もあるが、ここでは月について述べられているので、月が明るく輝いている様子である。②「御遊び」は、詩歌や管弦の催し(遊び)を意味する。③「よし」は「由」と書き、理由やわけのこと。

現代語訳

1 昔、ある男がいた。(男には)男の子が二人いたが、長男(兄)は先妻の産んだ子で次男(弟)は今の妻の産んだ子であった。だが、長男は継母に対して少しもいいかげんなところがない。亡くなった実母のように(思い)しっかりと親に尽くしたので、(継)母もまた、実の子よりも愛情が劣るということもなかった。

二人の子が次第に大人になってから、父は(家族よりも)先に病気になって死を迎えようとする時、母(妻)に言うには、「長年、この兄をかわいがり育ててくれたことは、ことあるごとに皆がよく知っている。不安に思うはずもないが、何にしても(自分の)他界したあとのことを思うと、やはり長男が気の毒に思えるものだ。私のことを深く思ってくれるなら(彼を)私の形見と思って、かわいがってくれ」と泣きながら言い置いて死んだ。その後、母親はこの遺言を守っていくらか弟よりも兄をかわいがったということだ。

2 堀河院の御治世に勘解由次官明宗といって、すばらしい笛吹きがいた。かなり気弱な人であった。院が笛をお聴きになろうというので、明宗をお呼びになったとき、帝の御前と思うと怖気づいて体が震えて吹けなかった。

思った通りにならなかったということで、(院は)親密な仲の女官におっしゃって、「個人的に中庭のあたりに呼んで吹かせよ。私はそれを立ち聞きしよう」とおっしゃるので、(女官は)月の明るい夜に(明宗を呼び)約束をして笛を吹かせた。「女官が聴くのだ」と思うと何も緊張することなく思うように吹いた。この世に比べるものもないすばらしい演奏であった。

帝は感動なさることこの上なく、「日ごろ、上手だとは聞いていたが、これほどまでとは思わなかった。とてもすばらしいものだ」とおっしゃって姿をお見せになったので、(明宗は)「それでは、帝がお聴きなさっていたのか」と急に怖気づいて、慌て騒ぐうちに、縁側から落ちてしまった。(このため)「安楽塩」というあだ名がついてしまった。

ここに注意

1 (1)「年ごろ」は「長年の間、数年間」という意味の頻出古語。同様に、「月ごろ」は「数か月間」、「日ごろ」は「数日間」の意味。
(5)家族の関係を正しく読み取ることが鍵となる。男には息子が二人いるが、長男は先妻との子、次男が現在の妻との子である。書き出しの部分に注意し、こうした人物の関係性をよくとらえた上で解答したい。また、読みながら人物に印をつけたり、余白に書き出したりしながら読み進めていくのもよい。

(2)会話文は、引用の助詞「と・とて・とぞ」などを手がかりに探す。

(4)注にあるように、月が山に「入る」ことと、弓が山を「射る」ことが、「いれば」に掛けられている。

○現代語訳○

例題 今となっては昔のことだが、あちらこちらの奉公人どもが大勢一つ所に集まって、それぞれの主人の悪い点などを口々に話しだして悪口を言う。その家の奉公人が自分の主人の悪い点を話しだそうと思って、「うちのご主人ほどの人は、どこにもいないだろう。もはや人間ではない」、続けて、畜生じゃと言おうとして、後ろを見たところ、そのご主人が立っていらっしゃったのを見つけて、「人間ではない」と言い直して、「仏じゃ」と語った。実に面白いことだが、人のかげ口は決して言ってはならないものだ。孟子の言うことには、「人の悪いところを言うならば、当然その後の憂いをどうにもできない」ということだ。

1 昔、一人の男がいた。その母は長岡という所に住んでおられた。子は都で宮仕えをしていたので、母の所に参上しようとしたが、そう頻繁に参上することはできない。男は一人っ子であったので、(母親は)とてもかわいがっておられた。そうこうしているうちに、十二月の頃に、「急ぎのこと」といってお手紙が届いた。(男が)驚いて開いてみると歌がある。

年をとると、避けられない死別という別れがあるということだから、ますますお会いしたいあなたですよ

2 同じ帝の時代、躬恒をお呼びになって、月がたいそう美しい夜、詩歌・管弦のお遊びなどがあって、「月を弓張りと言うのは、どういう思いからなのか。その理由を申し上げよ」とお命じなさったところ、(躬恒は)宮殿の階段の下に控えて、申し上げた。

空に照る月を弓張りと言うのはそれが山のふもとを指して入る(射る)からなのであります

! ここに注意

1 「かなし」と同様、「おどろく」、「おもしろし」、「遊び」など、現代とは異なる意味を持つ古語に注意する。「おどろく」には「目を覚ます」という意味もある。

Step B 解答

本冊▼20・21ページ

1 (1)ⓐア ⓑイ ⓒア ⓓオ

(2)例籠に魚を入れていると狼に思わせること。

例石の重みで狼を川の中から出られなくすること。(順不同)

(3)例石の重しで動けないまま、人々から散々に殴られた。

2 (1)ウ (2)物惜しみ (3)オ

解説

1 (1)══線部ⓐ「 」の直前に「狐申しけるは」とある。ⓑ川の中に入ったのは狼。ⓒは「 」の直前に「狐あたりの人々に申し侍る」とある。ⓓ狐が川の中に狼がいると言ったので、あたりの人々は狼めがけて走り出した。

(2)狐は魚を取らせると言って狼をだまし、川の中に入らせた。また、結末を踏まえれば、狼を川に足止めしておく必要があるとわかる。

(3)「打擲」は殴りつけること。人々は狼が魚を盗んでいるという狐の言葉を信じ、狼を散々に殴りつけた。

2 (1)誰の発言かを考える。══線部ⓐは毘沙門天の言葉の中にある。ⓑ・ⓒは、窮鬼の言葉の中にある。

(2)「銭一つをも妻子に与へず」とあるように、家主はかなり金銭に執着のある人物なので、似た意味の語を探す。

(3)窮鬼の「この家主無双の物惜しみにて……まう来つるなり。」の言葉の内容を整理する。

○現代語訳○

1 ある時、川のほとりで狐が魚を食べていたところ、狼が飢えた状態で歩み寄ってきた。狐に言うには「その魚を少し与えてくれ。腹の足しにしたいのだ」と言ったところ狐が申すには、「ああ恐れ多いこと。私の食べ残しをさしあげるわけにはいかない。籠を一つ持っていらして下さい。魚を取ってさし上げましょう」と言う。狼はあちこち走り回って籠を手に入れてやって来た。狐が教えることには「この籠を尾に結びつけて、川の真ん中を泳いで下さい。後ろから魚を追い入れましょ

う」と言う。狼は籠を(尾に)くくりつけて川を下流に向けて泳いだ。狐が後ろから石を籠の中に入れていったので次第に重くなり、一歩も動けない。狼が狐に申すには「魚が入ったのか、思いの外重くなって一歩も動けない」と言う。狐が申すには「そうですね、思いの外たくさん魚が入ってみえますので、私の力では引き上げがたいようなので獣を連れて参りましょう」と言って岸に上がった。狐が周辺の人々に申すには「この辺の羊を食べた狼が、たった今川の中で魚を盗んでいます」と申したので、(人々は)我先にと走り出て、散々に狼を殴りつけた。

2　受領から宰相にまで成り上がった人がいて、(この人は)あくまで物惜しみして銭の一銭も妻子には与えず、限りなく銭を大切にしていた。それゆえに家は豊かになり、米の蔵や金の蔵を家の裏にも表にも次々と建てていった。冬の節分の夜、この家の入口に、窮鬼が来て、奥を見やって様子をうかがっていた。この家の主人は、長年毘沙門天を信仰していたので、この夜も(神棚に)明かりをおつけして、酒と餅など献上して、拝み申し上げていた。こういうわけで、毘沙門天がほこらより飛び降り、入口の方を睨んでおっしゃるには、「この家の主人は財宝に富んだ金持ちであるので、我が仲間はみなここに集まってくるのだ。そうだというのに窮鬼がどうしてこのあたりに近づいてくるのだ。従者に命じて、引き裂いてやろうか」と、怒り散らしてお立ちになる。窮鬼は縁側のそばに跪いておずおずと申すことは、「私の仲間がどうしてあなた様の近くに立ち寄りましょうか。ましてやここは大福長者の家でありますので、入ってこられるはずもございません」とかしこまって申し上げる。「それならばどうしてこうして入ってくるのだ」と問いなさると、「そのことでございます、この家の主人は比類なき物惜しみで、長年を経て、ほとんど世間の財宝の半分はここに集まってしまった。そうであるので、近頃世間に貧しい者が数多く出てきたことは、みんなこの家の主人のおかげであるので、私の仲間はいい気になって晴れやかに立ち振る舞い騒いでおります。このお礼を申すために、つまりはこちらに参ったのである。ああありがたい、ああすばらしい、私の仏様よ、私の仏様よ」とそこら中を拝みまわって、どこからともなく出て行ったと人が語っていた。本当かどうかは知らない。

ここに注意

1　(3)狐が狼と人々に対して、それぞれどのようなことを言ったかをまずおさえる。狼には魚を取れると言って、かわりにかごに石を入れて足止めし、一方で人間には「飼っている羊を食いあさる狼が魚を盗んでいる」と言っている。狼も人々も狐にだまされている。

6 物語②

Step A 解答

本冊▼22・23ページ

1
(1)あわれとおもいて
(2)④
(3)忘れやしたまひにけむ
(4)や・なむ・こそ(順不同)

2
(1)①ウ　②ア
(2)③エ　⑤ウ　⑥ア
(3)イ
(4)いもうすべけれ
(5)イ
(6)エ

解説

1　(2)手紙を「おこせたる」のは「友」であるから——線部②「思ひわび」と③「いへりけれ」の動作主(主語)も「友」である。その手紙への返事として歌を詠んだのが「男」。

(3)「男」は歌で「あなたを忘れることなど片時もない」と詠んでおり、「あなたを忘れてはいない」ということを伝えたかったのである。手紙の「忘れやしたまひにけむ」に応答する歌である。

(4)「や」は疑問、「なむ」「こそ」は強意を表す。

2　(1)——線部①秀吉が「何のそれがし」に鶴を預けた。②逃げてしまった鶴を探す人物は「何のそれがし」である。

(2)——線部③「よし」は副詞。多くの場合、下に「～とも」「～とても」を伴って、「たとえ～でも」と訳す。

(3)鶴が逃げたことを隠しておくことで直面する問題を選ぶ。

(5)天下統一を果たした秀吉の自信あふれる様子が描かれている。

(6)鶴を逃してしまった家臣を責めない寛大さと、その鶴が日本国内にいるなら自分の飼い鶴だと言い、日本全土は自分の領地だと豪語するユーモアが、やりとりからうかがえる。

現代語訳

1 むかし、ある男に、とても親しい友がいた。どんな時も離れられず思い合っていたが、友が都の外の地方へ行ったのを、大変悲しく思いながら別れてしまった。月日が経って(友が男に)よこした手紙に

　あきれるほど対面せずに月日が経ったことだ。お忘れになったのだろうかと、ひどく悲しく思っております。世の中の人の心は、会わずに離れていれば忘れてしまうもののようだ。

とあったので、(男は)歌を詠んで送った。

ⓐ　離れて会わずにいるとも思えません。あなたを忘れられる時なんて片時だってなく、いつもあなたの面影が現れて、目の前にいます。

2 秀吉が京都の伏見の城におられた時、宇治の住人で誰それとかいう人に、大切になさっていた鶴をお預けになった時、その者は夜も昼も大事にしていたがどういうわけかある時、その鶴が籠から逃げてどこへともなく飛び去ってしまった。あちこちを探し回ったが発見できなかった。たとえそうだとしても、(その事実を)隠しておいたのでは罪をとがめられるのは避けられないと考え、伏見の城に参上し、広間にかしこまって出仕し、秀吉のお出ましをお待ち申して、秀吉が鷹狩りにおいでになる時に、ご機嫌を見はからってこのことを詳しく申し上げる。秀吉はお聞きになり、

「その鶴は中国に飛んで行っているのだろうか」

とおっしゃったところ、秀吉のおそばに仕えている人々が

「いえ、中国までは飛んで行ってはいないでしょう。きっと国内にいるにちがいありません」

と申し上げたのを、秀吉はお聞きになり、「それならば構わない。日本国内にいるのだから私の飼い鶴である」

とおっしゃったということだ。

ここに注意

2 敬語に注意して、誰の言動なのかを正しく捉えたい。「聞こしめす」、「仰す」はともに秀吉に対する尊敬語である。尊敬語は動作主となる人物へ、謙譲語は動作の対象となる人物への敬意を表す。

Step B 解答

本冊▼24・25ページ

1
(1)①ウ　③ア　⑤エ　⑦イ
(2)②オ　④ウ
(3)こまつぶり
(4)ウ

2
(1)例客人である安倍有行を接待しつつ、同時に病人の対応もしていたから。
(2)例病を治す
(3)ア
(4)例雅忠が病人を一目見て病を言い当てた(こと。)(17字)
例有行が予言した通りすぐに地震が起きた(こと。)(18字)(順不同)

解説

1 (1)――線部①金銀の類を帝に献上したのは、行成以外の人々である。③「こまつぶり」の説明をしている人物なので、行成。「申し」は謙譲語である。⑤御殿の中をくるくると回って巡ったのは、こまつぶり。また――線部①・③は帝が動作の対象となっている謙譲語だが、⑤には敬語が用いられていないことからも主語が判断できる。⑦尊敬語「御覧じ(ず)」、尊敬の助動詞と補助動詞の合わさった「せたまへ」があることから、帝が主語であると考えられる。「せたまふ」という二重尊敬はほとんどの場合、帝(天皇)や中宮に使われる。

(2)――線部②「あやし」は「粗末な」「身分が低い」という意味の「賤し」と、「不思議な」という意味の「怪し・奇し」がある。ここで帝が「こまつぶり」のさま(形)をみて興味を持っていることから推測する。④「興あり」は「おもしろい」という意味。持参した「こまつぶり」についての行成の言葉であるので、ウが適切。

(3)――線部⑥は、直後に「御覧じあそばせたまへば」とあり、この動作の目的語となる物のこと、つまり「こまつぶり」である。

(4)行成の性格として「好かれるように」「得意顔をして」は読み取れない。また「事前の準備に最も時間をかけ」「こだわり」「執念深く」なども描

かれていない。一行目の「らうらうじう」がこの場面での行成をよく捉えている。

2 ⑴医師の様子をおさえる。「客人饗応」しつつ、来訪する病人の相手もしている。

⑵医師が病人の症状をきいた上で教える「方法」というのは、病を治すための方法だと考えるのが妥当。

⑶「さ」はここでは「地震が起きること」を示す指示語。「しも」は強意の助詞。「やは」は反語の係助詞で、「そんなことがあるだろうか、いや、あるはずがない」が直訳。

⑷実宗が医師と陰陽師の双方に対して驚いたことを挙げる。それぞれの能力の高さがどういった点に現れていたのかをまとめる。

現代語訳

1 (行成は)少し苦手なことにも才覚が深くおありで、機転が利いて巧みになさるご本性で、帝が幼くていらっしゃり、人々に「玩具を献上せよ」とおっしゃったので(人々は)あれこれ、金や銀など気配りしてどのようなものにしようかと、趣向を凝らしたものを用意し、それぞれが持って参上したところ、この行成殿はこまに濃淡に染めた紐をつけて差し上げなさったところ、(帝は)「不思議な形のものだなあ。これは何か」とお尋ねになったので「これこれのものでございます」と申し上げて「回してご覧なされませ。おもしろいものでございます」と申し上げなさったので、(帝は)南殿にお出ましになってこまを回しなさると、(こまは)とても広い南殿の中を残すところなく動き回ったので、(帝は)大変、おもしろがられて、このこまだけをいつもご覧になって楽しみなさったので、他の玩具などはしまいこまれてしまった。

2 常陸守の藤原実宗と申し上げた人が医師に尋ねるべきことがあり、丹波雅忠の所へ行った時に「しばらく(お待ち下さい)」と言って(雅忠が実宗を)障子の外で座って待たせていたが、客人をもてなしている一方で、門から入ってくる病人を(自分の前まで来るより)前から顔色を見て、「この人はこれこれの病気(の治療)を尋ねに来た人である」と言って(病人に)様子を聞いたところ、本当にその病気であった。その(病人の)中には、見ていられないひどい様子や、変な様子の病人もいて、(病人が)自分の症状をきちんと言うことができないでいると「全てわかった」などと言って、病気を治す方法を言いながら対応していたが、客人は安倍有行であった。家の主(雅忠)が杯を手にしたのを見て(有行は)「早くその杯をお飲みなさい。たった今、ひどい地震が起ころうとしているので、(酒)をこぼしてしまうでしょう」と言ったところ、(雅忠は)「まさか今、予言通りに地震が起こるはずはあるまい」と思ったのだろうか、慌てなかったところ、地震がひどく起きて、どしんという地鳴りと同時にすべてのお酒をこぼしてしまった。驚くべきことを聞き知ったものだと(実宗は)語ったということだ。

ここに注意

2 ⑷「あさまし」は、現代語「あさましい」にもある「嘆かわしい」という意味よりも、「驚きあきれる」という意味で使われることが多く、予期しないことに出くわしたときの驚きを表す。

7 物語③

Step A 解答 本冊▼26・27ページ

1 ⑴①イ ②ウ ⑵蛍 ⑶例式部卿の宮に蛍を見せようとした。 ⑷想い(思い・想ひ・思ひ) ⑸イ

2 ⑴ⓓ ⑵御嘆 ⑶ア

解説

1 ⑴敬語に注目したい。全体を通じて、「式部卿の宮」には敬語が使われているが、「桂のみこ」に仕えている「うなゐ」は敬意の対象となっていない。①「この男宮」(=式部卿の宮)を慕う「うなゐ」の気持ちに気付かないのは、式部卿の宮である。②「え」は副詞。「え〜ず(打ち消しの語)」は「〜できない」と訳す。「けり」はここでは過去の助動詞。

⑵前後の文脈に注意する。この発言を受けて、飛んでいる蛍を「この童(=うなゐ)」が捕まえている。「かれ」は「あれ」の意味。

⑶汗衫の袖で蛍をつかまえた少女は、それを宮に「お見せしよう」としている。「御覧ず」は「見る」の尊敬語。「さす」は使役の助動詞。

⑷掛詞に関する問い。式部卿の宮への恋慕の情

を蛍の光が袖から漏れ出ることに重ねるという、風物と心情を重ねた素直な表現だが、それが少女のあどけなさをいじらしく見せている。

(5)**イ**「保元物語」は軍記物語であり、鎌倉時代に成立した。

2 (1)——線部①「召して」は、「呼び寄せる」という意味の尊敬語なので、法皇が主語である。‖線部ⓐの主語は泰親の不在を伝えた家人。ⓑの主語は仲兼を通して法皇に勘状を差し上げた人なので泰親。ⓒの主語は預かった勘状を法皇にお渡しする仲兼。ⓓ「御覧ずれば」は尊敬語なので法皇が主語である。

(2)泰親の占いによると、三日以内に「御悦」と「御嘆」の二つが起きるという。「御よろこびはしかるべし」と言い、もう一つのことを心配なさっているので、空欄には「御嘆」が適切である。

(3)法皇が泰親に勘状を書かせることになった原因とその結果を正しく読み取る。原因は「いたちが大量に御所内に出現したこと」であり、それが何か凶事の前兆かと気になり、占いの結果として「吉(御悦)」と「凶(御嘆)」両方の訪れが予言されたのである。

○現代語訳○

1 桂の皇女のもとに式部卿の宮が通っていらっしゃった時、皇女のご住居にお仕えしていた少女が、この男宮(式部卿の宮)をたいそうすばらしいとお慕い申し上げていたことも、気づきなさることができなかった。蛍の飛び回っているのを、「あれを捕まえて」と(宮が)この少女におっしゃったので、汗衫の袖に蛍を捕まえて、(そのまま蛍を袖に)包んでお見せしようとして、(こう)申し上げた。

　包んでも隠し切れないものは袖から漏れ出る夏虫(蛍)の光であることです(蛍の光が漏れ出るように、隠しているあなたへの想いもあふれてしまうものです)

2 そうこうするうちに、法皇は「遠い地方に流され、遠い島へも移されるに違いない」とおっしゃっていたが、城南の離宮において、今年で二年になられた。

　同じ年の五月十二日の正午頃、鳥羽殿内にいたちが大量に走り回って騒いだ。法皇は大変驚かれて、占形をなさって、その頃はまだ鶴蔵人と呼ばれていた近江守の仲兼を呼びつけなさり、「この占形を持って泰親の所へ行け。必ず吉凶の判断をさせて勘状をとって来なさい」とおっしゃった。仲兼はこの占形を頂いて、陰陽師安倍泰親のもとへ行った。その時(泰親は)宿所にはいなかった。「白河という所へ」と(家人が)言うのでそこへ訪ねて行き、泰親に会って、法皇の命令の趣旨を(法皇の代理として)おっしゃったところ、すぐに(泰親は)勘状を差し上げた。仲兼は鳥羽殿に帰って、門から参上しようとすると、守護の武士たちが通さない。建物の配置は知っているので、土塀をのり越え、床下をはって切板から泰親の勘状を差し上げた。法皇はこれを開いてご覧になると、「この三日のうちに吉事と凶事が現れる」と申し上げる文が書かれてあった。法皇は「吉事はあってもよいが、これほどの境遇で、さらにどんな凶事があるというのか」とおっしゃった。

ここに注意

2 (3)**イ**は法皇がこれを機に「占いの力に頼るようになっていった」ことが本文には述べられていないので誤り。**ウ**は「予兆はなかった」が誤り。勘状には「三日以内に吉事と凶事が現れる」とある。**エ**は仲兼が法皇の命令通り泰親の勘状を取ってきていることから、誤り。選択肢の表現を本文の内容と照らし合わせて、よく吟味しよう。

Step B 解答

本冊▼28・29ページ

1 (1)舟を出すことができない(という意味)。

(2)ⓐウ　ⓑア

(3)例 攻める一方で引くことを知らないような戦い方をする、向こうみずで思慮の浅いこと。

2 (1)例 餌に食いつけば輪縄にかかるということ。

(2)例 浪人に輪縄をかけないように御僧が言ってくれたら、われ(狐)はおぼえた通りの学問を大小乗ともに御僧に悟らせようということ。

(3)例 狐と約束をした通りに、翌日浪人に輪縄をやめさせることを伝えられなかったせいで、狐が油断して輪縄にかかってしまったと考えたから。

解説

1 (1)「いだす」は漢字で「出だす」。「及ばず」は「〜できない」と訳す。

(2)===線部ⓐ御家人たちが寄り集まり、「いかがあるべき」と言っているところから判断する。ⓑ「間」と書いて「あはひ」と読む。**ア**と**エ**の両方の意味を持つ語だが、判官(義経)が戦についての持論を述べていることに注目。「間合い」が悪いだけで戦から引くとは考えがたい。文脈に照らしてここでは「状況」。

(3)直前に「攻めるべきところで攻め、引くべきところで引いて敵を滅ぼすのがよい将軍だ」と述べており、「片趣なるをば、猪のしし武者とて」と言っていることから推測できる。義経の発言からも、梶原の言う「片趣」とは事前に引くためのことを考えず、攻めることに一貫した義経の言動に向けられていることが分かる。攻めと守りのうち、片側の攻めのことしか頭にないことを指している。

2 (1)「合点」は「がってん」とも読む。「納得する」の意味。直前の「合点してかからず」から、老狐が輪縄(罠)に気づいていることが読み取れる。輪縄に気づいたうえで、それでも餌に惹かれているのである。

(2)指示語「この」にしたがって、直前部分に注目する。

(3)僧が狐と約束したあとの最終段落の内容をまとめる。

現代語訳

1 (一一八五年二月)十六日、渡辺、神崎の二箇所で、この数日に集結した舟々を出航させようとしている。ちょうどその時北風が木をへし折り激しく吹いたので、大波に多くの舟がさんざんに破壊されて、舟を出すことができない。修理のためにその日は留まった。

渡辺には御家人たちが寄り合って「そもそも舟戦の仕方はまだ訓練していない。どうしたらよいだろうか」と話し合う。梶原が申すには「今度の合戦では、舟に逆櫓を付けたいところです」とのこと。義経は言う。「逆櫓とは何だ」。梶原は「馬は走らせようと思うと左へも右へも方向転換がたやすいが、舟はすばやく押し戻すのが大変であります。舟の前後に櫓を互い違いに付けて、脇にも楫を付けて、どの方向へも容易に押すようにしたいものです」と申したところ、義経がおっしゃるには「戦というものは、一歩も引くまいと思う時でさえも、状況が悪いと引くのが常識である。最初から逃げ支度をしてどうして良いことがあろうか。第一に縁起が悪いことよ。逆櫓であろうがさかさまの櫓であろうが、あなたがたの舟なら百挺でも千挺でもつけなさい。この義経はこれまでの櫓で参ろう」とおっしゃるので、梶原が申したのは、「立派な大将軍と申しますのは、攻めるべきところで攻め、引くべきところで引いて、自分の身は無事なままで敵を滅ぼすことで、立派な大将軍でいらっしゃるのです。融通の利かないのは、いのしし武者といって、よい大将とはいいません」と申したところ、義経は「いのししか鹿のししか知らないが、戦いはただひたすら攻めて勝つのが気持ちいいのだ」とおっしゃるので、武士たちは梶原に遠慮して大笑いはしないが、目くばせしたり鼻先をぴくつかせたりして互いにひしめきさわぎあった。

2 京都の方広寺に浪人がいた。ある時、狐狩りを始めて、つぎつぎ捕まえた。一の橋、今熊野、法性寺の辺りは、輪縄をかけない所はない。この辺りに毛並も他と違う老狐がいる。輪縄の餌は欲しいが、餌に食いつくと輪縄にかかると知っていてかからない。知りつつまた輪縄に近づく。遅かれ早かれ狐は辛抱できずに輪縄にかかってしまうように思われた。浪人もそういうことが度々あるので、この狐のことを覚えて、「いつか輪縄にかかるだろう」と思い、ずっと輪縄をかけ続けた。

またそのころ方広寺近辺の民家に、間借りして修行する天台宗の僧がいた。この人がある夜更けに覆いから取り出したお経を書見台に広げて読んでいると、ぞっと怖くなる。すぐに灯火の影の方を振り返って見ると、綿のかぶりものをした老婆がいる。不思議に思って「何者だ」と言うと「私はこの辺りに住む狐でありますが、頼みたい事情があって参りました」と言う。僧がこれを聞いて「どのようなことだ」と言うと、狐が言うことには「あなたのご存じの浪人ですが、彼が輪縄をかけて私の一族をほとんど捕まえ、私だけが残った。私もまたいつ捕まるかわかりません。願わくは、あなたが浪人を教えさとして輪縄をかけないように説得して下さい。そうすれば、私が覚えました通りの学問を、大乗仏教、小乗仏教とともにあなたに悟らせましょう。この約束をするために参りました」と言う。僧はそれを聞いて、「たやすいことだ。輪縄のことは私がきっと止めよう」と言う。「朝になったら輪縄をやめさせて下さい」と言って、狐はうなずいて去った。

僧が翌日その浪人のもとへ行くと、（浪人は）外出している。次の日に行こうとすると、僧の宿に来客がある。そのまた次の日に行って、浪人に語る。浪人はこれを聞いて「その狐は昨夜捕まえた。長年なかなかかからなかったが、さてはあなたと約束し、もう輪縄はないと油断して（輪縄に）かかってしまったのだろう」と言う。僧は「それでは私が（狐を）殺してしまったのだ」と涙を流し、途方にくれて帰ったのである。

ここに注意

2 (3)目的語（動作の対象）のない文では、まず目的語となるものを見つける。ここでは僧が「自分が狐を殺した」と思ってしまう理由を、話の展開を追って判断する。

Step C ① 解答

本冊▼30・31ページ

1 (1)ⓐエ　ⓑイ　ⓒア

(2)例叫び声をきいて、鬼に襲われたかもしれない正太郎を助けようと考えたから。

(3)例夜が明けたというのは正太郎の思い違いで、四十二日間の家ごもりは終わっていなかったということ。

(4)エ

2 (1)例雨が降り続いて、小橋の辺りの増水が激しい様子。

(2)ア

(3)例与三右衛門が流れていく黒い物の正体を確認するため。

(4)A例機転が利くという才能（10字）
B例生まれもった運の良さ（10字）

解説

1 (1)――線部ⓐの文頭に「かの鬼も」とある。ⓑこの次の段落のはじめ「こは正太郎が身のうへにこそ」は、正太郎の身を案じている彦六の心中。ここから主語を判断する。ⓒの主語は彦六に。大路で倒れているのではないか、と心配されている人物なので、正太郎。

(2)彦六が正太郎に危険が迫っているのではないかと考えていることが、直前部分から読み取れる。

(3)前段落で、正太郎は白んでくる空を見て、四十二日目の夜が明けたと思ったが、実際に彦六が家の外に出てみると、外はまだ夜が明けていなかった。なぜ正太郎が勘違いしてしまったかははっきりとは明かされない。

(4)期限の四十二日目の夜を明かすまであと少しのところで、正太郎は家の外に出てしまい、消息不明となっている。

2 (1)「けしき（気色）」とは「ものごとの様子。」長雨で増水した様子を指している。

(2)「ならん」の「なら」は、断定の助動詞「なり」の未然形で、推量の助動詞「む」がつくと「～であるだろう」と訳す。

(3)「是れ」は、さかまく渦の中から現れた、「小山程なるくろき物」を指す。与三右衛門は、牛にしては大きすぎるので、何であるのかを確かめるために、跡をつけていったのである。

(4)――線部④のあとの「これらは～」がヒントになる。与三右衛門が大金持ち（長者）になれたのは、彼の才覚（頭の回転が速いとか機転が利くとか）の能力（分限）ではなく、「てんせい（天性）の仕合せ」、つまり、生まれもった運の良さだと言う。ただの「黒いかたまり」を渦の中に見つけ、それを好奇心からつけて行ったのは、天から与えられた幸運に他ならないと作者は考えている。

現代語訳

1 夜が明けると昨夜の様子を語り、日が暮れると夜が明けるのを待ち望んで、（そうして過ごした）この月日は千年が過ぎるよりも長い（と感じられた）。あの鬼も夜になるたびに家の周囲をうろつき、時には家に向かって叫び、その怒声は夜を重ねるごとにひどくなっていく。こうして四十二日目の夜を迎えた。とうとう（最後の）一夜を明かそうというところなので、特に慎んで、次第に未明の空も白々と明けわたってきた。長い夢から覚めたかのように、すぐに彦六を呼んだところ、（彦六は）壁によって「どうした」と答える。「厳しい物忌みはようやく達成された。長らくあなたの顔を見ていない。懐かしくて、そしてこの数カ月の不安や恐ろしさを思う存分口に出して（自分を）ねぎらってやりたい。起きてください。私も外の方に出よう」と言う。彦六は注意の足りない男なので、「今さら何か(危険なことが)あるだろうか、いや、何もなかろう。さあ、こっちへおいでください」と、戸を半分ほども明けないうちに、隣の家から「うわあ」と叫ぶ声が耳を貫いて、思わず尻もちをついた。

　これは正太郎の身の上に何かあったに違いないと、斧を引っ提げて大路に出れば、明けたと(正太郎が)言っていた夜はまだ暗く、月は中空にぼんやりと輝き、風は冷ややかに吹いており、そして正太郎の家の戸は開け放たれていて本人の姿は見えない。家の中に逃げ入ったのだろうかと、(彦六は)駆け込んで見たけれど、どこかに隠れられるような住まいでもないので、(やはり)大路で倒れてしまったのだろうかと探すけれど、あたりには何一つとしてない。

2 与三右衛門という人は、元は小さな家業を営んでいたが、偶然の幸運に出会ったのは、ある時、五月雨が降り続いていた頃、長堤さえも高波が越えて、里の人々は太鼓を鳴らし、人足を集めて洪水を防ごうとしていたが、小橋は常でさえ水が深くなっている所にあったので、その日の様子はひどいもので、阿波の鳴門の渦を目前にするごとくであったが、わき上がるように激しく波が立っている渦の中から、小山ほどもある黒い物が急に浮き出て、流れ行く水に従って流れていくのを、見る人は「鳥羽の車を引かせる牛であろう」と言って指さしたのだが、(与三右衛門は)牛にしては大きすぎると気にかかり、これの跡を追っていったところ、川岸の、根を張った松に引っかかって留まっていたので、近寄って見ると、長年にわたり多くの川の谷々から流れて来て、固まった漆であった。これこそ天の恵みと喜んで、砕いて運搬用の船で取って帰り、ひそかに売っていると、この一塊は金千貫目を超えるほどの売り上げになり、(与三右衛門は)この里の長者となった。これは機転が利くという才能によるものではなく、持って生まれた天性の幸運である。自然と金が金を生み、その名を世間に広めたのである。

ここに注意

1 (4)イ「一日中」が誤り。「夜ごとに」とあるので「夜」だけである。ア・オは本文と異なる展開。ウは正太郎と彦六の行動が逆である。

8 説話 ①

本冊▼32・33ページ

Step A 解答

1 (1)ア　(2)エ　(3)エ

2 (1)例病気にかからせる(ため。)(8字)　(2)恐ろしげなる者ども(9字)　(3)イ

解説

1 (1)家に忍び込んで鍋の煮物をすくって食べていたのは、「藤六」。

(2)「家主の女」は、無断で鍋の中身を食べていたのが歌人として有名な藤六だと気づいてこう言っている。

(3)「すくふ」に「救う」と「掬う」が掛けられている(掛詞)。地獄の釜で煮られる罪人を救うのは阿弥陀仏で、煮物をすくっているのは藤六だということを踏まえて選ぶ。

2 (1)僧都に魚を献上した者が夢の中で、なぜ自分の家に「しるし」をつけないかを尋ねている。「しるし」をつけられた家は疫病で死者も出ていることから、その目印のためだと考えられる。

(2)「使」とは「しるし」をつけて回った者である。

(3)僧都に魚を献上した家だけ、疫病にかからなかったことから、仏の御利益があったといえる。

現代語訳

例題 沙門長義は、奈良の右京の薬師寺の僧である。宝亀三(七七二)年の頃、長義の眼は失明した。五か月ばかり経って、日夜面目なく思い嘆き、多くの僧にたのみ、三日三晩金剛般若経を読経させる。するとすぐに目が見えるようになり、元通りに治った。般若経の霊験の力は大きく高いことよ。深く信仰し祈願せよ。祈願して報われないということはないのである。

1 今となっては昔のことだが、藤六という歌人が身分の低い人の家に、誰もいない折を見つけて入った。(そこで)鍋で煮ていたものをすくって食べていたら、家主の女が水を汲んで大通りの方から(帰って)来て見たところ、このようにすくって食べていたので、「どうして、こんな留守の家に入って、こうして煮物を召し上がるのですか。あら、いやだ、(あの有名な)藤六でいらっしゃいますね。それなら歌をお詠みください」と言ったところ、

昔から阿弥陀様は全ての人を救うという誓いによって釜で煮られる罪人を救うと聞いています(私も煮物をすくっているのです)と詠んだということである。

2 これも今となっては昔のことだが、奈良の永超僧都は、魚のない時は(僧の正式な食事として定められている一日一食制の)午前も午後の食事も全く食べない人であった。法会の講師となって京都にいる間が長くなり、魚を食べないでぐったりして奈良に帰る途中に、奈島の丈六堂の辺で昼の弁当を食べる時に、一人の弟子が近所の民家で魚をもらってきて僧都に勧めた。その魚を提供した人が後に夢で次のようなことを見た。それは、恐ろしげな者たちがその辺りの民家に印を付けて回ったが、自分の家には付けなかったので尋ねたところ、使いの者は「永超僧都に魚を差し上げた家である。それで、印を付けなかった」と言う。その年、この村の民家はほとんどが流行病にかかり、死者も多かった。魚を僧都に献上した男の家一軒だけが、流行病にかかることを免れたので、僧都のもとに参上してこの話を申し上げた。それを聞いて僧都は引出物の衣類一揃いをお与えになり、帰されたそうだ。

ここに注意

1 (3)藤六は、「すくふ」の掛詞をうまく歌に詠み込むことで、自身も救われている(歌徳説話)。説話には、仏教的な教訓を含むものの他に、このように芸能(和歌、音曲、舞踊)を奨励する話も多い。

Step B 解答

本冊▼34・35ページ

1 (1)Ⓧけしき　Ⓨわらわ
(2)ⓐエ　ⓑウ　ⓒイ　ⓓウ
(3)Aイ　Bウ
(4)エ　(5)父　(6)イ
(7)例小童が絵を描くこと。(10字)

2 (1)エ　(2)イ　(3)イ

解説

1 (2)～～線部ⓐの主語は客人の名前を忘れたといって、この文章を記している作者。ⓑの主語は絵を見て驚いている人物なので客人。ⓒは客人とあるじの問答の場面。「愚息の小童」は伊予の入道のこと。そのあるじ(父)が主語。ⓓは直前の会話文の主語と同じ人物である。

(3)「不動」とは「不動明王」のこと。[A]には「様子」という意味の「さま」が入る。不動明王の立っている様子を描いた絵を指すので、[B]には絵の代名詞として「もの」があてはまる。

(4)幼いころの伊予の入道が絵を描くことを、父親がどう思っていたかについての問い。

(6)絵を見た反応であるから、それに関連したものを選ぶ。

(7)客人とあるじ(父)のやりとりは、息子である伊予の入道が幼い頃に描いた絵についてである。

2 (1)鞍馬寺へ二十一日間(3×7=21)参詣すると、今度は霊験ある夢を見るまで参詣を続けることにした小松の僧都。だが、千日参詣し続けても夢を見ることはなかった。――線部①の台詞のあとに二千日、三千日と参詣し続けていることから、答えはエ。

(2)「行ふ」は「仏道修行をする」という意味を持つ重要古語。

(3)ア「矛で脅され」、ウ「比叡山で」、エ「眠るたびに夢を見る」などが誤り。僧都は夢を見たいため、毎日鞍馬寺に参りつづけた。

現代語訳

1 伊予の入道は、幼い頃から絵を上手に描いていました。父は好ましくないことだと思っていた。ずいぶん幼い時、家の長廊下の壁に、素焼きの土器の破片で不動明王の立ちなさっている様子を描いたものを、客人の誰だったか確かに聞いたはずなのだけれども忘れてしまったが、(その客人が)これを見て、「誰が描いたのでしょうか」と驚いたような様子で問うたので、主人は笑って、「これは正式な絵描きの描いたものではないのです。愚息であるこわっぱが描きました」とおっしゃったので、ますます問いを重ねて、「天性の才能はこういうことを申すのであります。この事をおさえつけなさることはあってはなりませんぞ」とまで言うのだった。本当に十分に絵を理解する人であるのだろう。

2 今となっては昔のことだが、小松の僧都と申す人がいらっしゃった。まだ小法師だった頃、比叡山から鞍馬へ参詣しなさった。「三日ほど参詣しよう」ということで(参詣して)、「同じように七日参詣しよう」ということで、参詣しなさるうちに、二十一日に及んで、「同じことなら(霊験ある）夢など見るまで」ということで、百日参りなさっても、夢を見ないので、二百日・三百日参って、そのまま千日参り続ける間にも夢を見ないので、「そうはいってもどうしてそのようなこと（霊験ある夢を見られないこと）があるだろうか」と二千日参っても、やはり夢は見られないので、三千日参り続けたが、夢は見られない。うまく夢を見られると思われる兆しもない。「私との縁がおありではないようだ。このお寺を見ることも、もう今晩が最後である。ただ三千日もの間、何事もなく参詣し終えたことは何よりのことだ」と、（もう）仏道修行もせず、礼拝もせず、つらかったので、横になって、ぐっすり寝入ってしまったところ、夢に見ることは、御帳台の布を引き開けて、「本当に、この数年来参詣しつづけていて、ご苦労であったよ。これを取りなさい」と言って、物をお与えになるので、（小松の僧都が）左右の手を広げていただくと、白い米をいっぱい入れなさるのを見て、はっと目を覚まして、手を見ると、本当に左右の手にいっぱいの米が入っていた。「ああ、すばらしい」と思って、「夢を見たとなっては、早く出ていこう」と、すぐに外へ出たところ、背後にそよそよと物音がして、人の気配、足音がする。「なんだろうか」と思って、振り返ってみたところ、毘沙門天が、矛を持って見送りなさっているのだった。お顔を向こうに向けて、矛で示して、早く行けというように、矛で突きなさるように見えて、僧都は急いで出て行ったのである。

ここに注意

2 (1)「いかでか〜」は「どうして〜だろうか」という反語を表す疑問詞。指示語「さる」が指す内容を探す。

9 説話②

Step A 解答

本冊▼36・37ページ

1 (1)①イ　③ア
(2)イ
(3)白髪　(4)オ

2 (1)ⓐ・（博雅）三位
(2)エ
(3)ア
(4)ウ　(5)エ
(6)②とうとく　⑤ゆうなる
(7)ただ今〜るべし
(8)イ・エ（順不同）

解説

1 (1)——線部①の前の行にある「車のしり」とは、右大臣の乗る牛車の後方のこと。そこへ歩み寄ったのは「小さき男」。③右大臣に対して敬語が使われていることに注意。小男が冠の上に飛びのって消えたあと、帰宅して、「一すぢ」（一本）の白髪をみつけたのは右大臣である。

(2)「心得」は「理解する」という意味の動詞。「〜しがたい」という意味の「がたし（難し）」をともなっているので、**イ**が適切。

(3)「白髪丸」と名乗る小男が、右大臣の冠の上に飛び乗って消えた。右大臣が「白髪丸」の存在を信じ、仏教を信仰するようになったのは、証となる白髪を見つけたからである。

(4)世の人に「賢人」と呼ばれていたので、**ア**と**ウ**は誤り。「もとは道心などおはせざりける」とあるので、**イ**と**エ**も誤り。

2 (1)——線部ⓑとⓒの主語は三位の家から出て去った盗人である。ⓐの主語は盗人の去った後にはい出た三位。

(2)共に盗人が三位の家から持ち出した「物」のこと。

(3)「ことごとく」は「全て」「すっかり」という意味。

(4)次の行の「あはれにたふとく」から考える。あまりに見事な音色に盗人が心をうたれ、感情の高まりを抑え難かったのである。

(5)盗人が三位の家に戻ってきたのである。

(7)盗人の言葉は、「言ふやう」の次から始まり「と言ひて」の直前まで。「と」は引用を示す。

(8)**ア**は軍記物語。**ウ**と**オ**は随筆である。

現代語訳

1 小野宮の右大臣を、世間では賢人の大臣と評価していた。まだ納言という位でいらっしゃった頃であろうか、宮中から退出される時、夢か現実かはっきりしないが、牛車の後ろに、色あせた着物を着た小男で、見知らぬ男が足ばやに歩いてくるので不思議に思い目をこらしてご覧になると、この男は追いついて牛車の後方の簾を持ち上げるので、(右大臣は)理解しがたくて「誰だ。けしからん。あっちへ行け」とおっしゃると「閻魔大王の使者で白髪丸でございます」と言って、すぐに牛車に飛び乗って(右大臣の)冠の上にあがって消えてしまった。

とても奇妙なことに思って、帰られてご覧になると、一本の白髪を発見なさった。世間のうわさ通りではあったが、このような神仏の証をみて、心から感動なさったのであろうか、元々は信仰心などお持ちでない人であったがこれ以来、仏道修行を常になさったということだ。

2 博雅三位の家に盗人が入ったことがあった。三位は板の間の下に隠れていた。盗人が去り、その後、床下からはい出して家の中を見ると、残る物なく全て盗まれていた。ただ、篳篥だけを置き棚の上に残していったのを(見つけて)三位が手に取ってお吹きになったのを、出て行った盗人が遠く離れた場所で、その音色を聴いて心を打たれ、三位の家に戻ってきて言うには、「今、貴方の吹かれた篳篥の音色を拝聴しましたが、しみじみと気高いものでありまして、悪い心がすっかり直りました。盗んだ品物は、全てお返し申し上げましょう。」と言って全部置いて出て行った。昔の盗人はこのような風流な心を持っていたようだ。

ここに注意

1 (4)古文では「勤め」、「行ふ」などは、仏道修行をすることを指す場合がほとんどである。

Step B 解答

本冊▼38・39ページ

1 (1)ウ
(2)例 左大将が言った冗談に対して右中弁が言い返したことが本当のこととなり、左大将が亡くなったこと。(46字)
(3)仰ぎ中納言
(4)由無からん戯れ言云ふべからず

2 (1)ア　(2)ウ　(3)ア

解説

1 (1)右中弁と左大将のやりとりをたどる。腹を立てた右中弁の返事に対する左大将の反応である。
(2)冗談で「貴方を害する星が出ている」と言ったあと、相手が亡くなったため、冗談が事実となったように思われて後悔した。
(3)右中弁は空を仰ぎ見る癖があって、あだ名がつけられたことが冒頭に書かれている。
(4)本文は冗談で言ったことが本当になってしまった話であり、それを作者はいましめている。

2 (1)前にある伊家の発言内容を指している。自分より和歌に優れている伊家に歌をほめられたのが気に入らなかったのである。
(2)歌の力量の勝る伊家がほめたのに、知房は立腹した。そして最終段落で人の善いところも悪いところも口にしてはいけないとあるので、**ウ**が適切。**ア**「簡単に人をほめることがある」、**イ**「思い上がってしまうので」、**エ**「逆恨みされかねないので、人の善いところだけを口にすべき」は本文の趣旨と合わない。

現代語訳

1 今となっては昔のことだが、中納言藤原忠輔という人がいた。この人はいつも空を見上げているようだったので、世間の人はこの人に「仰ぎ中納言」とあだ名を付けた。

さて、その人が右中弁の役職で殿上人であった時に、小一条の左大将済時という人が宮中に参上なさった時、この右中弁に出会った。左大将は右中弁が空を見上げているのを見て、「冗談で、今、天では何が起きていますか」とおっしゃったところ、右中弁はそう言われて少し腹が立ったので、「今、天では貴方を害する星が出ている」と答えたので、(左大将は)非常に不快に思われたが、冗談なので腹も立てられず、苦笑して終わった。その後左大将は、そう月日も経たずに亡くなられた。だから、(右中弁は)この冗談が本当になったのかと思い当たって後悔した。

人が命をなくすことはすべて前世の報とは言うが、理由なく(人を傷つけるような)冗談を言ってはならない。このように振り返って後悔することもあるからである。

右中弁はその後長く経って中納言にまでなったが、ずっとそのあだ名は消えずに、世間の人々は(そのことを)笑ったとかいうことが伝えられている。

2 自分は技芸に関する実力があると思っても、人に認められ、世間でも一目置かれるほどの身でなくては、人の行為をほめようとすることは、ちょっとした心遣いが必要だ。

三河守知房の詠んだ歌を伊家弁が感激して、「すばらしくお詠みなされた」と言ったところ、知房は立腹して、「漢詩を作ることにおいては彼は私の敵ではないが、和歌の方面では私は彼より劣っている。それでこのように言われてしまう。とても我慢できないことだ。今後は和歌を一切詠まない」と言ったそうだ。

ほめ言葉も場合によってはあれこれと加減する方がよいのだろうか。

これは優っている人が（劣っている方を）称賛することさえこのように非難したのだ。まして、力の劣った人がほめたりすることは却って気の毒だろう。よく心得て心構えを慎重にするべきだ。

人の善いところも口にしてはいけない。まして悪口はなおさらいけない。この言葉には深い趣があるのではないか。

ここに注意

2 (1)「かく（このような）」のような指示語の指す内容を問う設問では、現代文と同じく、まず直前の部分から順にさかのぼって探す。直前になければ、直後を探すとよい。

10 説話 ③

Step A 解答 本冊▼40・41ページ

1 (1) イ
(2) 孝養の心空に知られぬ（10字）
(3) ② いたれば　③ おおやけ
(4) ア　(5) ウ

2 (1) ⓐ ころおい　ⓑ みどう
(2) 例 観音様に子の命を助けてくれるようお願いするため。
(3) ① 女（母）　② 幼き子（児）
③ 例 高い所から谷に落としてしまったから。
(4) 観音のいとほしとおぼしめしける

解説

1 (1) のちに鄭大尉と呼ばれる「親に孝するもの」は、梶もない舟に乗っていたが、朝は南風が吹き、夕方には北風が吹いて、自然と往復することができた。**ア**「天に祈り」、**ウ**「梶をとって」、**エ**「泳いで」がそれぞれ誤り。

(2) 親孝行の心が天に通じたから、天の助けで舟が動き、荷を運ぶことができた。

(4) この文章が「孝養の心を持つとご利益が得られた」内容であることと、――線部④の直前の「おほやけに聞し召して」の意味を押さえる。

(5) **ア**・**イ**は平安時代、**エ**は江戸時代に成立した。

2 (2) ――線部①の直後の行動をまとめる。

(3)「なき者」は亡くなった者を意味する。谷底へ落ちた児がもう死んでしまったと思ったのは母である。

(4) 常識では考えにくい出来事も、仏教への信仰のおかげで起こりうるという話の展開は、説話に多く見られる。

現代語訳

1 今となっては昔のことだが、親孝行な人がいた。朝夕、木を伐って（売り）親を養っていた。その孝養の心は天に通じた。梶のない舟に乗って対岸の島に行く時には、朝は南風が北の島に向かって吹いた。夕方には舟に伐った木を積んで座っていると北風が吹いて（南岸の）家に舟を着かせた。

このようにするうちに、長い年月が経ち、朝廷が噂をお聞きになって、この者を大臣に任じてお召し抱えなさった。その名を鄭大尉といった。

2 今となっては昔のことだが、いつの頃のことだったか、清水寺に参詣した女が、幼い子を抱いて御堂の前の谷をのぞいて立っていたのだが、どうしてしまったのか、赤児を落として谷に落下させた。はるか下に落ちていくのを見てどうすることもできなくて、女は本堂の方を向いて手を摺り合わせ、「観音様、お助けください」と途方にくれた。「もう生きてはいるまい」と思ったけれど、どんな様子かだけでも見ようと思ってうろたえながら（谷に）下りて見たところ、観音様がかわいそうだとお思いになったのだろう、まったく疵もなく、谷底の木の葉が多く積もっていた上に落ちて横たわっていた。母は喜びつつ赤児を抱き上げ、ますます観音様に泣きながら礼拝し申し上げた。

これを見た人も皆、驚いて大騒ぎしたと語り伝えたとかいうことである。

ここに注意

2 (4)「つゆ」は副詞。下に打消の語を伴って用いられる。「まったく〜ない」という意味。重要表現の一つ。

Step B 解答

本冊▼42・43ページ

1 (1)①うれえていうよう　②ウ

(2)イ

(3)例師員が、市で売っていたはまぐりを買いとり、海に放したこと。(29字)

(4)例取り置いていたにしやはまぐりを放してやり(20字)

(5)ア　(6)イ

解説

1 (1)②――線部Aの直後がはまぐりの台詞であることを押さえる。ア「この悲しみを分かってほしい」、イ「救い出してほしい」、エ「思いやってほしい」は、本文と合致しない。

(2)――線部©は、夢の中のはまぐりの言葉で自らの行いがはまぐりにとって望ましくないものだったと理解してのものである。よって正解はイ。

(3)師員も、上人と同じくはまぐりを海に放したことで夢の中で恨み言を言われているのでその行為をまとめたい。

(4)「放生の功徳」とは、生き物を解放してやることで積むことができる善行の一つ。業光卿も信光も生きたにしやはまぐりを食べなかった点が共通している。Aの古文では貝を放してやったことがあだとなり、「放生の功徳」とならなかったが、Bの古文ではこれが良い方向に作用し、「放生の功徳」となっているので、この点をまとめる。

(5)「生きたるを食ひ侍れば、かく夢にも見ゆるにこそ」がヒントになっている。――線部Cのあとに挙げられている話とも共通するのはア。

(6)Aでは、よかれと思った放生が裏目に出ているが、Bでは放生を訴えられている。

現代語訳

1 A　東大寺の高僧、春豪房は伊勢の一志の海岸で漁師がはまぐりを捕っているのをご覧になってかわいそうに思い、はまぐりを全部買い取り海に放しなさった。すばらしい功徳を積んだと思って眠りなさった夜の夢に、はまぐりが多く集まって嘆いて言うには、「私は輪廻転生して、はまぐりとなって畜生道に堕ちて、はまぐりとしての生をいつになったら終えられるのかまるで分からなかった。偶然、二の宮神社の御前に参り、まさに生死の苦を抜け出るはずであったのに、上人がつまらぬ同情を寄せなさり、再び苦悩を重ねる身となり、畜生道を脱する機縁を失いましたのは悲しいなあ、悲しいなあ」と言うのを見て、目がさめてしまった。上人は泣き嘆かれることこの上なかった。

主計頭である師員も、市で売っていたはまぐりを、毎月四十八個買って海に放していたところ、ある夜みた夢に、畜生道に堕ちる報いを受け(はまぐりになっ)たが、偶然に(漁師につかまり)はまぐりの身から脱する機会が訪れたのに、このように海に逃がされたためにいまだ元のはまぐりのままで苦しみから逃れられないという事情を(はまぐりが変身した魚介を捕る)海人が嘆いて泣くのを見て、以来、はまぐりを海に放すことをやめたということだ。生き物の命を助けて解放してやることで得る功徳も場合によるということだ。

B　宮内卿業光卿のもとで酒盛りがあった折に、角火鉢の辺りに、にしを多く捕って置いていたが、亭主(業光)は酒に酔い、その角火鉢を枕にして寝入ってしまった。その夜の夢に、小さい尼がたくさん、角火鉢の周囲に並び座って、それぞれ泣き悲しんで、様々なことをかきくどいた。(業光が)目をさまして見ると、何もいない。再び寝入ると、先程のように(尼達が)見える。このようなことがたび重なったが、全然わけがわからなくて、明け方になり、また目を開けて見たところ、にしの中に小さな尼が少し混ざっている様子が実際に見えて、すぐに消えてしまった。驚きあきれて、それ以来、長い間にしを食べなかった。

また、右近の大夫の信光といった人は、はまぐりをこのように夢に見て、すべて海に放ったということだ。にしやはまぐりは、まさに生きているのを食べますので、このように夢に見えたのであろう。かわいそうなことだ。

ここに注意

1 (2)「ゆゆしき功徳」の「ゆゆし」は、良いにつけ悪いにつけ程度がはなはだしいことを意味するので、文脈に応じて判断する必要がある。

Step C ② 解答

本冊▼44・45ページ

1 (1)①エ　③ア

(2)悲しみにたへずして(9字)

(3)例体の色が五色なので、人に知られたらきっと物珍しさから殺されてしまうということ。

2 (1)ア　(2)ⓐ(安養の)尼　ⓑ(地蔵)菩薩　(3)ア　(4)エ　(5)ウ

解説

1 (1)――線部①直後の男の発言から、意図せずして命の危機に陥っていることがうかがえる。③「〜べからず」は現代でも用いられるが、「〜してはいけない」という禁止を表す。

(2)感情を表す語句は「悲しみ」のほかに見当たらない。「叫ぶ声を悲しみて(8字)」と迷うかもしれないが、より感情に言及している「悲しみにたへずして」の方が適切である。

(3)鹿の発言内容が重要。恩返しをしたいと申し出る男に対して、「人に語るべからず」と告げる。その直後に続く部分がその理由で、人に存在を知られて殺されてしまうことを恐れていることがわかるので、この部分をもとに説明する。

2 (1)「おくる」は漢字では「遅る」。主に人に先立たれること。夫と主君の判断が難しい。イ「離別なさって」、ウ「心を通い合わせて」は本文にない。エ「見送られなさって」は本文と逆。

(2)――線部ⓐ・ⓑともに前の部分をたどれば、主語を見つけられる。

(3)イ「哀れ」、ウ「怒り」は本文から読み取れない。尼が熱心に勤行に励んだからで、エ「悲しみに暮れ」も本文にはない。

(4)ア「落ち着いた」、イ「決められた勤め」とウ「どの人にも経を手向けられた」は本文にない。

(5)尼が信仰心を抱いた契機は、夫の死であり、夢に菩薩が現れたことではない。

現代語訳

1 これも昔のことだが、天竺に体の色が五色で、角の色は白い鹿が一頭いた。山深いところにだけ暮らし、人に知られないでいた。その山のふもとに大きな川があった。その山には鹿の他に鳥がいた。(その鳥は)この鹿を友として過ごしていた。

ある時、この川に一人の男が流され、今にも死にそうだった。「私を、誰か助けてくれ」と叫ぶと、(この鹿が)この叫び声を聞いて、悲しみにたえきれず、川を泳いでこの男を助けてしまった。男は命が助かったことを喜び、手をすり合わせて拝み、鹿に向かって言うには、「何をもってこの恩をお返し申し上げればよいのだろう」と言う。鹿が言うには、「何をもって恩を返すか。ただ、この山に私がいるということを決して人に語ってはいけない。私の体の色は五色である。人が知れば、皮を獲ろうとして、(私は)必ず殺されるに違いない。これを恐れるがために、このような深い山奥に隠れて、まったく人に知られないようにしている。そうであるのに、お前の叫ぶ声に心が痛み、わが身の行く末を忘れ、助けてしまったのだ」と言う時に、男は、「これはまったく当然のことだ。決して人に言い洩らしはしまい」と重ね重ね誓ってその場を去った。もとの里に帰って月日を過ごしたが、男は決して人にこの事を語らなかった。

2 恵心僧都の妹に、安養の尼という人がございました。長年深く愛していた夫に先立たれなさって、すぐに出家して、小野という山里に籠って、地蔵菩薩をご本尊として、毎日仏道修行をなさった。ある時、夜が更けるまで心を澄ませてお勤めをし、「必ず来世はお助け下さい」とお祈り申しなさって眠りなさいましたところ、夢の中にこの菩薩がお出になって「是非とも助けよう。何につけても、お勤めはいい加減にはするな」とおっしゃったように思って、夢から覚めました。それから後は、ますます信仰心を起こして、休まず勤行を続けなさった甲斐があって、(尼の)臨終の夕方にはまさに紫雲がたなびき、天花が天上界から降ってきて、極楽往生の願いを遂げなさったのは、なんといっても素晴らしいことでございます。

ここに注意

1 (1)「すでに」は、完了した事柄に対しての「すっかり」「とっくに」の意味だけでなく、今まさに起きようとしていることや、完了しようとしていることに対しても用いられる。ここでは、今まさに男が死のうとしている様子に用いられている。

2 (4)の「しるし」は仏道修行によって得られる霊験(ご利益)を意味する。夫との死別をきっかけに仏道修行に励む尼が、夢の中に地蔵菩薩が現れたことによってますます修行に打ち込むようになったのである。

11 随筆①

Step A 解答　本冊▼46・47ページ

1 (1)水　(2)エ　(3)ウ　(4)蓬

2 (1)①イ　②エ
(2)ⓑいうよう　ⓒきょう　ⓓおかしく

解説

1 (1)草葉の他に「あをく」見えたもの。直後の「上は……草……、下は……水……」という対句表現が手掛かりになる。
(2)「ありく」は移動することを意味する。「あゆむ」が実際に足で歩くこと。歩くのは従者である。
(3)牛車の内側に枝が入りこむのをつかもうとして枝が手から離れてしまった時の気持ち。
(4)牛車におしつぶされた蓬の香りが、車輪が回るにつれて匂うのである。

2 (1)①「けふの花」について「こまやかにも見ず」と述べ、その理由は「歌よまむ」つまり、和歌を詠もうとするあまりだと言っている。
②「をこがまし」とあるが、文末に「まことはたれも……をかしくぞ聞き」とあり**エ**と合致する。

○現代語訳○

例題　自分が死んだあとに財産が残るということは、知恵がある者のしないことである。つまらない物をため込んで置いているのもみっともないし、立派な物は、(生前それに)執着していたのだろうと思うと、むなしい(気持ちになる)。(遺品が)甚だしく多いのは、なおさら情けない。「ぜひ私がもらおう」などと言う者がいて、死後に(遺品について人々が)争っているのはとても見苦しく、自分の死後は誰に譲ろうかと心の中で決めている物があるなら、生きているうちに譲るのがよい。常になくてはならないような物はあるだろうが、それ以外には何も持たないでいるのが理想的である。

1　五月の頃などに山里を(牛車で)移動するのは、とても風情がある。草の葉も水も一面に青々と見えているが、表面はさりげなく草が生い茂っている所をどこまでも真っすぐ行くと、草木の下には、何とも言えない(清い)水があって、深くはないが、従者などが歩くにつれて、しぶきとなってはね上がるのがとてもおもしろい。
左右の(人家の)垣にある何かの木の枝が、牛車の屋形などに入ってくるのを、急いでつかみ折ろうとする時に、ふっと車が通りすぎてつかみそこねるのは、とても残念だ。蓬の、牛車に押しつぶされたのが、車輪が回るにつれて(顔の)近くまでかおってくるのもすばらしい。

2　桜の満開の頃、和歌をたしなむ友人たちと連れだって、あちらこちらの桜を見て歩いた帰り道に、見た花のことをしゃべりながら来た時、一人の友が言うには「私は歌を作ろうとあれこれ思っていたので、今日の桜はどんな様子で咲いていたのか、つぶさに見ることがなかった。」と言ったのは、愚かなようではあるが、実際は誰にでもそういうことはあるなあと、面白く(その人の言葉を)聞いた。

ここに注意

1 (2)古典作品では、貴族や皇族などの高い身分の人々が出かける際には従者をともなうのが一般的。清少納言の乗る牛車を引くのも、従者だと考えてよい。

Step B 解答　本冊▼48・49ページ

1 (1)例(ある人が)虎に殺されてしまうこと。
(2)②エ　④イ　(3)オ　(4)イ

2 (1)ⓐさよう　ⓑなお　ⓒもちいる
(2)①ウ　②イ
(3)例新しい障子と古い障子(とがまだらになっている様子。)
(4)給はり～に候ふ
(5)ア　(6)物は破

解説

1 (1)――線部①直後の「いのちはをしからざるや」から、「かたへの人」は友だちの命の心配をしているとわかる。
(3)「ある人」が大金のために命をかえりみず、人食い虎を殺しに行こうとしていることを踏まえて考える。
(4)「ある人」についての説明として適切なものは

ア・イ。「たからあつめするもの」についての本文の記述からは「自分の力を過信」「十分な準備もせず」ということは読み取れないので、両者に共通するものはイとなる。

2 (2)——線部①「(けいめいして、)候ひける」人とは直前に示された動作主。②「張られ」と尊敬語が用いられている。障子を張っていて、尊敬語が用いられる人物は松下禅尼である。

(3)義景が「皆を張りかへ候はんは、はるかにたやすく…」と言っていることから、松下禅尼は破れた古い部分だけ新しくしていると判断できる。

(4)——線部④より前の義景の発言部分を探す。

(5)息子の時頼を招待している日に限り、「わざとかくてあるべきなり」と言っている。

(6)時頼に気づかせるために、わざと障子のつぎあてをして、物は破れた所だけを修理して使用するものだと言っている。

現代語訳

1 唐土の人の物語に、ある人が友だちと語り合いながら山のふもとを通っていると、この山に虎がいて、人を喰らう。この虎を殺したものがいるならば、十万貫の金を授けようという立て札が立っているのを見て、(ある人が)大変に喜んで、腕まくりなどして、そのまま(山へ)駆け上がろうとするのを、仲間が引きとどめ、命は惜しくないのかと言うと、財貨さえ手に入れれば、命など何か惜しいことがあるか(惜しくなどない)と答えたのだという。不心得者の考えというのは、実におかしなものであるが、財貨を求めようとする者が恨みや非難も顧みず、不当な手段で手に入れた財貨が結局つまらぬ目的のために使い捨てられることは、いくらでも出てきて、最後には自分の身も危なくなり、家も落ちぶれるに至るが、それは何かこの物語と異なることがあろうか(この物語と同じである)。

2 相模守時頼の母は、松下禅尼と申し上げた。時頼をご招待なさることがあった時に、すすけている障子の破れたところだけを、禅尼が自分の手で、小刀であちこち切り取ってはお張りなさったので松下禅尼の兄である城介義景が、その日の世話役を勤めて控えていたが、「(その仕事を)いただいて、なにがしという男に張らせましょう。そういう仕事に心得のある者です」と申しなさったが、「その男は、私の手細工によもやまさっていることはございますまい。」と言って、やはり障子の一こまずつお張りになったので、義景は「全部を張り替えます方が、はるかに容易でありましょうし、まだらになっていますのもお見苦しいのでは。」と重ねて申しなさったところ、「私も、後にはさっぱりと張り替えようと思うけれども、今日だけはわざとこうしておくのがよいのです。物は破れた所だけを修理して使用するものだと、若い人(時頼)に見習わせて気づかせるためなのです。」と申されたのは、めったにないほど、立派なことであった。

世を治める道理は、倹約を基本とするのである。

ここに注意

1 (3)(4)——線部③・——線部⑤「…いのちは何かをしからむ」、「何か…異ならむ」に共通して「何か〜」という表現が使われている。これは疑問や反語を表す疑問詞だが、ここでは反語として考えると文意に合う。

12 随筆②

Step A 解答 本冊▼50・51ページ

1 (1)そうろうなり (2)イ

(3)これをよいと思いました(こと)

(4)ぞ

(5)例翌日に見直してみるとひどく見劣りして、この歌を良いと思った(29字)

2 (1)例春夏は日照り、秋は台風や洪水などが連続して起き、収穫がなかったから。(34字)

(2)ウ (3)イ (4)ア (5)エ

解説

1 (2)ウを選びそうになるが、本文では「翌日に見直すことが必要」とは書かれていない。時間の経過にしたがって、最初に受けた印象が変化する「歌の不思議」について述べている。

(3)「候ふ」は「です・ます」など、丁寧語の敬語。

(5)第一印象では悪くない印象だった歌を時間が経ってから見直すと、まったく違った印象を受けるというのが「ふしぎ」だと述べる家隆の言葉に、作者(本居宣長)も同意している。

2 (1)「飢渇」の原因である「日でり」や「大風・洪水」についてまとめる。「飢渇」は農作物などが不足し、飢えに苦しむこと。

(2)「あさまし」は重要古語。**ア**〜**エ**の全ての意味を持つため、ここでは文脈から判断する必要がある。

(3)——線部③を含む「春かへし……冬収むる」は春から冬にかけて行われる農作業の一連の流れを述べている。「かへし」「植うる」「刈り」「収むる」の対象となるのは、**イ**「田畑」である。

(4)飢饉に苦しむ人々が山に住むことを選んだ理由を考える必要がある。食料を手に入れなければ餓死してしまうのが当時の状況であった。飢餓から逃れるために、人々は山に自生する植物で飢えをしのごうとしている。

(5)「しるし」とは神仏への御祈りや修業で得られる「ご利益」や「霊験(ききめ)」のことをいう。

○現代語訳○

1 家隆の二位の言われたことは、「歌は不思議なものでございます。ちょっと見ると面白くて悪くない歌であると思われますが、次の日によくよく見ますと、ひどく見劣りがします。この歌を良いと思いましたことこそが、不思議でございます、などと思うものでして、云々」とおっしゃった。本当にもっともなことである。

2 また、養和年間の頃だというが、随分以前のことなのではっきり覚えていないが、二年間にわたり世の中が飢饉で、ひどいことがありました。あるいは春から夏にかけての日照り、あるいは秋に台風や洪水などのよくないことが次々と起こり、穀物はどれもこれも実らない。むなしくも春に(田畑を)耕し、夏に(苗を)植える作業があって、秋になり(作物を)刈り取り、冬には(刈り取った作物を)貯蔵するにぎわいはない。

　こういうわけで諸国の人々の中には、家を見捨てて山中に住む人もいた。様々なお祈りが始まって並ひと通りでないお祈りの数々をなさったが、少しもその効果がない。

❗ここに注意

1 (5)「いへたかの二位」の言ったことは「歌はふしぎ……にて候云々」まで。随筆は、作者の意見と、作者が見聞きした部分とを区別することが重要。

Step B 解答

本冊▼52・53ページ

1 (1)ウ　(2)清少納言　(3)c 例雨が白い玉を貫き通したようにかかっている(20字)　d 例きらめいている(7字)

2 (1)①　(2)ウ　(3)ウ

3 (1)桃　(2)例春の配色の直衣を着こなして、桜の花瓶近くで談笑している人々が、とても季節に合っていたから。

解説

1 (3) c 蜘蛛の巣に雨粒がひっかかっている様子を白玉(真珠・美しいものを表す)の比喩で表現している。 d 朝日や月の光の中で見る水の様子を、どのように描写しているかを考える。

2 (1)——線部①の主語は「高くそびえて」いる一本の松。その他の主語は「よく物を心にとめてわすれぬもの」。

(2)「松のあるなかにまきのみえたるが、姿はいかにありしか」という質問に対する答えである。

(3)**ア**「自慢していた」、**イ**「金を惜しまず豪勢な庭」は本文からは読み取れない。**エ**「青つづら」がかかっているのは松ではなくまきの木。

3 (1)三月三日は桃の節句として知られる。

(2)「をかし」とは、一般的には、見たり聞いたりしたことへの明るい感動を表す形容詞である。桜の花のそばで、貴族たちが季節感のある色合いの服装で語り合う姿について述べられた部分を現代語でまとめる。

○現代語訳○

1 A 九月の頃、一晩中降り明かした雨が、今朝は止んで朝日がとてもあざやかにさし出したころ、庭の植えこみの草木についた露がこぼれんばかりに濡れている様子もとても風情がある。間を透かした垣根の飾り模様や軒の上などに張り巡らしている蜘蛛の巣が破れ残っているところへ、雨が降りかかったのが、まるで白玉を糸で貫き通したように見えるのは、たいへんに情趣を感じさせておもしろい。

B　月がとても明るいときに川をわたると、牛車を引く牛が歩くにつれて、水晶などが割れたように川の水が飛び散ったのはおもしろいものだ。

2 よく物を記憶して忘れない人が、「昔どこかの山に登ったが、こんな峰に松が数本あって、その中の一本は高くそびえ立っている。その横にまきの木の大きなものが横向きに生えていて、青つづらがまきついている様子が」などと話したので「とても詳しく覚えていらっしゃるのですね。あなたの庭も、その山をまねてお作りになったのですか。松の木々にまじってまきの木が見えたと思うが、その姿はどのようであったか」などと尋ねたところ、「私の庭にもまきの木があったかな。いつも見ていますので忘れました」と言った。

3 三月三日は、(日差しが)春めいてのどかに照っている(のがおもしろい)。桃の花がちょうど咲き始める(のもおもしろい)。柳などが趣が深いのは、いまさら言うまでもないが、それもまだ若芽の状態にあるのは趣がある。(葉が)広がってしまっているのは不快に思う。美しく咲いている桜を長く折って大きな花瓶にさしているのは趣が深い。桜の直衣に出袿をして、客人にせよ、(中宮様の)ご兄弟の君達にせよ、その(花瓶の)近くに座って、何か話などする光景は大変趣が深い。

四月は賀茂祭の頃がとてもすばらしい。上達部・殿上人も、上着の色の濃いか薄いかの違いだけで、(下にお召しの)白襲などは同じ様子であり、涼しげで情趣が感じられる。

! ここに注意

3 「をかし」と感じる対象を挙げている。「枕草子」は作者の率直な感覚が「をかし」という語を多用して綴られていることから、「をかしの文学」と言われている。明るく知性あふれる感覚でものごとをとらえた、清少納言の感性に注目する。

13 随筆③

Step A　解答　本冊▼54・55ページ

1 (1)ウ　(2)オ　(3)イ　(4)ア

2 (1)ア　(2)イ　(3)乾飯　(4)エ

解説

1 (1)一人に任せるのが心配なので別の医者を呼びたいという提案に対する反応。その後の展開を踏まえて考える。

(2)この言葉を聞いて、やんごとなき人は医者を二人にするのをやめている。「人と相談すること」を最初の医者が拒否した理由を押さえる。

(3)「はじめのくすし」の言葉に「もっともだ」と思ったのは、「やんごとなき人」。

(4)――線部③よりあとの文章に着目する。最初の医者に任せて病気が治ったのだから、医者の発言と合致する**ア**が適切。

2 (1)山雀も目白も小鳥なので、**イ**・**エ**は誤り。「おもしろければ」を品詞分解すると形容詞「おもしろし」の已然形「おもしろけれ」＋接続助詞「ば」である。「已然形＋ば」は順接の確定条件を表し、「～ので、～すると」などと訳す。よって**ア**が正解。

(2)――線部②より前の文に着目すると、「腹いみじく……いづちにか落としけん」、「家さへ遠く……目くらむばかり」とある。ここから、持って来た食料を失い、空腹に苦しんでいることが読み取れる。

(3)「先に失せつる」という表現から、一行が何を失っていたかを考える。山伏の姿に化けた天狗が「食べて行け」と言うことからも、乾飯だとわかる。

(4)山深く入りこんだ理由は**ア**・**イ**ではない。獣に襲われていないので**ウ**も誤り。

現代語訳

1 ある身分の高い人が急病にかかられた。簡単には治らない様子だったので、「今この医者一人に任せるのもどうだろう。あの医者も医学に秀でているので、あの医者と相談して薬を作ってくれ」と言うと、最初の医者は頭を振って、「それならば、その優秀な医者にお任せなされ。このような急な病気を治療する時に、人と相談していては、どうして病を治すことなどできましょうか。(いや、できません)」と言ったところ、(身分の高い人は)もっともだと思ってはじめの医者に任せたところ、その病もたちまち快方に向かっていった。

2 折兼が山に狩りに入り天狗に会った話

長門の国の萩の水井折兼は、幼い頃から狩りを好み、いつも野山で遊んでいた。
　十二・三歳の頃のこと、萩から小道で十七里ほど離れたところに三位山という高い山がある。乾飯を持ってこの山に登っていくと山雀や目白などの小鳥を捕まえることが面白いので、もっと奥に入ってしまおうかなどと一緒に来た友人としゃべりつつ登った。時が経つうちにかなり空腹を覚えた。そこで持ってきた袋を見ると、中には何もない。「これはどこかに落としたのか、探してみよう」といってあちら、こちらと見るが見つかるとも思えない。「道の途中で落としたのなら、もう獣に食べられてしまっているだろうし、探しようもないだろう」と一行は頭をかいて、大変深く山に入ったので、家も遠く、今はただ飢えて目がくらむほどになったので、歩くこともできず岩に腰かけて互いに顔を見合わせていると、そこへしばらくして一人の山伏の僧(に化けた天狗)が出てきて「お前の仲間が勝手にこの山に入り、私の仲間の遊びの邪魔をする。だからこのように辛い目にあわせたのだ。早く山を下りろ。すっかり飢えて歩けないならこれを食べて行け」と言って出したものを見ると、先ほどなくした乾飯だったので、一行は震え恐れて「これはどういうことだ」と顔色もまっ青になって(乾飯を)持って行った。(もう)今は空腹なことも忘れて、走って山を逃げ下りた。それにしても(山伏は)何者だったのだろうか。とても不思議であった。

ここに注意

1 (2)「いかで出で来べき」は最初の医者の発言。「いかで〜べき」は、「どうして〜か、いや〜ではない」という意味の反語表現。

Step B 解答

本冊▼56・57ページ

1 (1)はさみよ、くしよなどいふもの　(2)ア　(3)ウ

2 (1)ものをばいわず　(2)ウ　(3)ア　(4)それは　(5)①実　②イ　③エ

解説

1 (1)「調度」とは日常、用いる身近な道具のこと。火事のあとに男が井戸から引き上げたものが調度である。

(2)常々火事の備えを笑われていた男だったが、今回はそれが功を奏して、自分のふるまいを笑っていた人々を助けることができた。男が助ける側なので、**ウ**、**エ**は不適切。「ほまれ」という言葉から、後ろ向きの気持ちではないことも読み取れるので、**イ**も不適切。

(3)火事に備えた行動を心がけていたことが、結果的に役に立った。

2 (2)「蓑」は植物の茎や葉を編んで作る、肩から羽織って着る雨具。急な雨に遭って雨具を借りようとしている。「からん」の「ん(む)」は意志を表す助動詞。

(3)蓑を借りようとしたが、女に無言で花を差し出されて怒ったのは持資。

(4)「古歌のこころ」を語ってきかせたのは「是を聞きし人」である。古歌を示して、そのこころの説明をしている部分を探す。

(5)①八重山ぶきに実はならないことを踏まえた「みのひとつだになき」に、「実の」と「蓑」が掛けられている(掛詞)。②女は家には(貸すような)蓑はない、と伝えている。③女の歌の意味が、自分の思いもよらぬところにあったと知り、驚いたのである。**ア**「鷹狩りに夢中」、**イ**「強く怒られ」、**ウ**「恋心を抱き」が本文と一致しない。

現代語訳

1 (ある男が、)どこで火事があると聞いても、身の回りの道具などを縄に結びつけて井戸の中に入れた。水の中に入れるのが難しいものは袋のようなものに入れて、自分のそばにはなさず置いていた。「火事がこんなに遠いのに、どうしてそのようになさるのか。」と尋ねると、(男は)「火が広がれば、遠い火事でも近くなるに違いない。」と言う。「風向きがよいのでこっちに火は来ないだろう。」と言うと、「もし風向きが変わったらそんなことはないだろう。」と言う。(それをきいた)人々はみんな笑った。
　ある日、とても遠方の火事であったが、風が急に吹きはじめて、あっという間に焼け広がって、例の男の住むあたりも焼失した。鎮火して、近所の人々が「ものを食べようとしても器がない。」

と嘆いていると、あの男は得意顔で「貸して差し上げましょう。」といって(井戸に垂らした)縄をたぐり寄せると、はさみやくしなどといった物を引き上げた。また袋の中から器などを出しながら「いつも人々に笑われなかったなら、どうしてこのような時に誇らしく思えるだろうか。」と言ったので、「本当にその通りだ。」と言った人もあったということだ。

2 太田左衛門大夫持資は上杉宣政の重臣である。鷹狩りに出かけて雨に遭い、ある小屋に入って蓑を借りたいと言うと、若い女が、何も言わないで、山吹の花の枝を折って差し出したので、花が欲しいのではない、と言って怒って帰ったが、これを聞いた人が、「それは、

　七重八重花は咲くが、八重山吹は実の一つさえ実らないのはなんと悲しいことでしょう。
(私は蓑をもっておらず貴方のお役に立てずに悲しい)

という古歌を踏まえたものであったに違いない」と言う。それをきいて驚いた持資は、それから和歌に関心を寄せるようになった。

ここに注意

2 (4)会話文は、「人物を表す言葉」+「読点(、)」+「会話文」という形になることがある。ここでは、「是を聞きし人の、」の直後から「…なるべし、」までが会話文となっている。

Step C ③ 解答

本冊▼58・59ページ

1 (1)ⓐイ ⓑウ　(2)ア　(3)エ　(4)イ
(5)例盛澄は頼朝が天下を取るとは考えておらず、所領がほしくて忠義を尽くした盛長と違い、欲のない心からの忠義だと判断したから。(59字)
(6)ア・イ(順不同)

解説

1 (1)——線部ⓐの前後の文で、挙兵すら難しいのに、まして天下を取るなどもっと難しいと言っていることから推測できる。

(2)——線部Aは頼朝に挙兵を勧めている人、Bは領地をお与えになった人、Cは舌を出して、頼朝が天下を取るなどは思いもしなかった人がそれぞれ主語となる。

(3)「いかで」とあるので反語に見えるが、イの「どうして挙兵することが難しいのか。(いや、たやすいだろう)」では文脈が通らない。頼朝の言葉から総合的に判断して最も適切なエが正答となる。

(4)舌を出すのは、陰で相手を小馬鹿にする所作。盛長の言うようにもし頼朝が天下を取ったら、という仮定を、あり得ないことと考えて舌を出したのである。

(5)盛長と盛澄の差について考える。盛長は恩賞が欲しい一心で頼朝に仕え、盛澄は恩賞など気にせず忠心から頼朝に仕えている。どちらが忠義な家臣かという観点から、頼朝は、無欲であるほうを忠臣と判断している。

(6)まず、源頼朝が平家を亡ぼすより前の出来事が描かれていることを押さえられるかがポイント。平家の滅亡から鎌倉幕府ははじまる。よって本問では、鎌倉時代がはじまってから成立した作品を選ぶ。

現代語訳

1 ある人が言った。『盛長日記』という書物があり、世間で珍しいものとされている。その中にある話として、頼朝が落ちぶれて蛭が小島にいた頃、常にとても親しく忠義を尽くしていたのは安達藤九郎盛長と菊池源吾盛澄の二人であったが、ある時、頼朝は盛澄に櫛で髪を整えさせておられた。側に盛長もいたのだが、盛長が申すことには「平家の乱暴狼藉は日ごとに増長しているので、もはや正義の兵を挙げなさる時機です。平家を滅ぼし、あなた様が天下を掌握なさったら、私にはどこどこ(の領地)を恩賞としていただけるでしょうね」と申したところ、頼朝は笑って「私たちの今の身分ではどう考えても挙兵するのは容易ではなかろう。まして天下をとるなどは考えにくいことだ。万一、そなたが申すことが間違いなく実現したならば、望みの土地を恩賞としてあげよう」と笑いなさるのを、菊池は櫛を持ったまま横を向いて舌を出したとかいうことである。さて、程なくして頼朝は総追捕使となり、第一番に盛澄、第二番に盛長へ、長年の功績をたたえて領地をお与えになった時に、盛長にはその望みの地とさらに倍の領

地を加えて与えなさった。盛澄には盛長よりも多くの領地をお与えになったので、盛長は不満を感じて言うには、「盛澄と私は、主君が困難に遭い苦しまれる時にお伴をして同じように働きました。それなのに、盛澄を優先なさったのも気にくわないというのに、褒美としての領地も(私は)少ない」と申したところ、頼朝が言うには、「二人の忠義は優劣をつけがたいが、あの(恩賞の約束をした)時、盛長とは領地を与える約束をした。だからその所領を得ようという欲からの忠義である。盛澄は反対に舌を出したのは、この頼朝が天下を取ることはあり得ないおかしなことだと思ってのことだ。だから(彼は私を)あてにしていなかったが、主人であるから忠義を尽くすというあり方は真忠と言ってよい。こうした理由で第一番の褒美を与えたのだ」とおっしゃったことはなるほどもっともなことであると、盛長日記という書物には書き記してあったということだ。

ここに注意

1 (5)二人の家臣に対する頼朝の判断の決め手となったのは、「恩賞のため」の忠義か、それともそれを期待しない忠義かである。利益を目的としない忠義こそ、本当の忠義だと頼朝は考えたのである。

14 日記・紀行文 ①

本冊▼60・61ページ

Step A 解答

1 (1)(時ならずふる)雪 (2)エ

(3)例「秋」と「飽き」が掛けられている。(秋が終わるという意味の「秋果つる」と飽きてしまうという意味の「飽き果つる」が掛かっている。)

2 (1)エ

(2)何とぞ〜まはれ

(3)Aあたかも三月の頃のごとく

B例親に孝行したいという気持ち(13字)

解説

1 (1)白い花橘が散る様子を、次の行の和歌で季節外れに降る雪に見立てている。

(2)「つま」「外より来たる人の……といふ」「わが宿」などのキーワードから作者の家の様子について描いていることがわかる。「足柄といひし……錦をひけるやうなる」では、足柄山の麓にある家からみた景色を描いている。

(3)「あきはつる」は「秋果つる」で秋が終わるという意味と、「世を飽き果つる」で、作者が住む家の景色は、この世のどこにも劣らないものだという意味を、重ねて詠んでいる。

2 (1)――線部①の直前の一文の内容がエと一致する。

(2)父のために子が桜の木に向かって祈っている言葉を探す。引用の「〜と」があるので、直前の「…たまはれ」までが祈りの内容である。

(3)A一般的に、桜は一月には咲かないが、この桜は一月に満開を迎えるのがめずらしいのである。

B天地の神々も感激したという子の気持ちをまとめる。

現代語訳

例題 十日。今日はこの奈半の港に泊まった。

十九日。天候が悪いので、船を出さない。

二十日。(天候が)昨日と同様なので、船を出さない。一行の人々はみな心配して嘆息する。つらく、(出港が)じれったいので、ただ日が経っていくのを、今日で何日か、二十日(が経った)、三十日(が経った)と(指を折って)数えるので、指もきっと痛めてしまうだろう。まことにやりきれない。夜は眠りもしない。

1 五月の初旬に、軒先近くの花橘が、とても白く散っているのを見て、

季節はずれに降る雪なのかとこの花びらを眺めたことだろうに。もし花橘が薫っていなかったら

足柄という山の麓に暗く茂り続いていた木立のように私の家は、木々が茂っている所なので、十月頃の紅葉は四方の山辺よりも一段とすぐれて趣深く、錦の布を引いたようであるので、外からやってきた人が、「今通って参りました途中に、紅葉がとても美しいところがありました」というので、ふと、

どこに比べても劣らないだろうに、我が家の、

世の中を飽き果てて住む秋の終わりの景色だけは(と詠んだ。)

2 伊予の国は松山の城下の北に山越という所がある。ここに十六日桜といって、毎年一月十六日に満開になって、それは見事なのだ。松山から花見に大勢が集うものである。

私がその国に行ったのは四月頃だったので、桜の時期には遅くて見られなかった。残念なことであった。その国の人にこの桜の由来を聞いたところ、昔、山越の里に老人がいたが、年々年老いて、おまけに重病で伏せってしまい行く末も長くないとなった時に、ただこの谷の桜の咲くのを見ずに死ぬ事だけを嘆き悲しんで、もう一度桜を見て死んだなら、この世に思い残すこともないだろうと、ひたすら申していたところ、その子が悲しみ嘆いて、この桜の木の下に行き、「どうか父が亡くなる前に花を咲かせて下さい」と真心をつくして天地に祈り申し上げたところ、その孝行心に天地の神々も感激なさったのであろうか、一夜の間に桜が咲き乱れ、まるで三月の頃のようになった。この祈った日が一月十六日であったので、それから今に至るまで、変わらず一月十六日に咲いているということだ。

ここに注意

2 (1)この文章は、作者の見聞きした出来事がほとんどを占めている。作者の心情や考えが表れているのは「残り多き事なり」の一言だけである。

StepB 解答

本冊▼62・63ページ

1 (1)イ (2)ウ (3)ⓐエ ⓑア (4)松尾芭蕉

2 (1)エ (2)イ (3)ウ

解説

1 (1)——線部①よりあとの文章に川から流れてきた紙に書かれていた名前の一人目は「三月のうちに亡くなり」、代わった人の名は書き添えられていた人と同じだったとある。

(2)(1)の問題も踏まえたうえで選ぶ。——線部②より前をたどると来年の国司などは神々が集まって任命されるとある。国司(人間)の亡くなる運命も見通して決められたことが不思議なことなのである。

2 (1)「たそかれ」は「誰そ彼(誰だろう、彼は)」という言葉に由来する。薄暗くて人の顔がはっきり見えない夕暮れ時のこと。ア「真夜中」、イ「あこがれの」、ウ「薄気味悪い」という意味はない。

(2)「あやしの小家」とは「みすぼらしい家」ということ。しかし、「むかし物がたり」に通じる風情があると述べられている。

(3)「こそ~あれ」という係り結びの「あれ(「あり」の已然形)」が省略された形である。

現代語訳

1 富士河というのは、富士の山から流れ下ってくる川である。その国の人が出て来て語るには、「一年前ごろ、所用でよそに出かけた折に、とても暑かったので、この川の岸辺で休みながら眺めていると、川上の方から黄色の物が流れてきて、物にひっかかってとどまっているのを見たところ、反故であった。取り上げてみると、黄色い紙に朱筆で濃く端麗に書かれていた。不思議に思って見ると、来年、国の守が任命されるはずの国々のことが除目のように皆書いてあって、この国の来年空席になる予定のところにも、新任の国の守が当てて書いてあり、そこに(一名を)添えて、二名当ててありました。不思議だ、驚いたことだと思って、取り上げて、それを干して、しまっておきましたところ、次の年の司召の時に、この文書に書かれてあったことが、一つも違わず当たり、この国の守と書いてあった通りの人物が任命されましたが、その人が、三ヵ月のうちに亡くなってしまい、また次に代わった人も、その側に書き添えられていた人でした。こんなことがあったのですよ。来年の司召などのことは、この山(富士山)にたくさんの神々が集まって、任命なさるものなのだと拝察しました。めったにない不思議なことでございます」と語った。

2 福井は三里ほどの所なので、夕飯を食べてから出かけたが、日暮れどきの道は(足元がおぼつかなくて)なかなか先に進めない。この福井には等栽という年老いた世捨て人がいる。いつの年だったか、江戸にやってきて、私を尋ねた。遥か十年も前である。どんなに老いぼれてしまっているだろうか、あるいは死んでしまっただろうかと、人に尋ねますと「まだ生きていて、どこそこに(住んでいる)」と教えてくれた。町中からひっそりと奥に入った所で、粗末な小家に夕顔やへちまが生えかかっていて、鶏頭やはは木がはびこり、入り口を隠している。「たしかにこの家に違いない」と門をたたくと、わびしげな女が出てきて、「どちらからおいでのお坊様でしょうか。主人はこの近くの何々という人の家に参りました。もし御用なら、そちらへお尋ね下さい」と言う。この人が等栽の妻であろうとわかった。昔の物語には、このような趣があったことだとおもしろく、やがて等栽を尋ねあて、その家に二晩泊まって、名月は敦賀の港でめでようと、旅立つ。等栽も一緒に見送ろうということで、着物の裾をしゃれた風にまくり上げて、道案内にと、浮き浮きした様子で出立した。

ここに注意

2 (2)「あやしの小家」を見て、芭蕉は『源氏物語』の夕顔の巻を連想している。粗末な家だが、夕顔のつるが生えかかり、昔物語の風情を感じているのである。

15 日記・紀行文 ②

本冊▼64・65ページ

Step A 解答

1 (1)ア
(2)①鳥の羽 ②イ
③例歌にある「飛ぶように早く都へ帰りたい」という思いに共感したから。(32字)

2 (1)エ (2)エ (3)ア

解説

1 (1)「ぞ～連体形」という係り結びから選ぶ。
(2)①Cは本文の「鳥の羽のやうに」に着目する。
②Bの直後の「～がごとくに」は「～のやうに」と同様、「～のように」と訳す。
③船の人々は「早く都へ帰りたい」という共通の願望を抱いていたと述べられている。

2 (2)商人の発言中にある「蛙の鳴きたれば雨こそふれ」から推測できる。長雨は蛙のせいだと冗談めかして言っている。
(3)「打ち笑ひて」とあることから、商人に悪びれる様子がないことが分かる。**イ**作者の連れは「こころはやきもの」であり、徒歩で行っていれば昨日には江戸に入っていただろうとは言っているが、実際には徒歩では行っていない。**ウ**、**エ**も、商人の様子として苦笑いや気をつかう様子など、本文には書かれていない。

現代語訳

1 十一日。明け方に船を出港させて、室津へ向かう。人々が皆まだ寝ているので(暗い時間で)海の様子も見えない。ただ、月を見て方角がわかった。こうしている間に、すっかり夜が明けて、手洗い、朝の支度や食事などをしていると昼になった。

今まさに、羽根という所に来た。幼い子がこの地名を聞いて「羽根というところは、鳥の羽のよう(な形)であるのかなあ。」と言う。まだ幼い子の言葉なので人々が笑っている時に、以前に歌を詠んだ女の子が次の歌を詠んだ。

本当に羽根という名前通りの場所ならば、飛ぶように都へ帰りたいものだなあ

と詠んだ。男も女も、なんとかして早く都へ帰りたいものだ、と思う心があるので、この歌が特別うまいというわけではないが、なるほど(よく言ったものだ)と思って、人々は(この歌を)忘れない。

2 一日ばかり(舟で)川を下って関宿とかいう所に着く。そして雨が降り出したので舟を川岸に寄せて四日間ほどいるようである。

私の旅の連れの人はせっかちなので腹を立て、「歩いて行っていたら、昨日には江戸に入っていたはずだ。商人にすっかりだまされた。なんと舟足の遅いことよ」と言うと、商人は笑って「こんなに花曇りの気候が続いて、かなり蛙が鳴いたせいで雨が降った。あなた方の道中の妨げをしたのはほかでもない雨蛙であるようだ」と言って気にしない。そうこうしているうちに西風が吹き始めて雲は東の方に流れ、虹が気持ちよく空を飾ったので、それぞれが舟の覆いを押し上げていると「明日は早く江戸に着く。あなた方も蛙と仲直りなさいよ」と商人は言って、あの高く積んだ荷物の上に敷物を敷き広げて(虹を)見ている。

ここに注意

1 (2)終助詞「もがな」は、同じ願望の終助詞「ばや」よりも実現の難しい願望を表す場合に使われる。それを踏まえれば、女童の和歌と人々の「いかでとく京へもがな」という言葉から、思うようには帰京できず

に困っている一行の心情が読み取れる。

StepB　解答　本冊▶66・67ページ

1 (1)ウ　(2)ア
(3)やまずに吹いてほしい　(4)ウ
(5)係助詞…こそ　結びの語…けれ
(6)ア　(7)イ
(8)Aエ　Bア　Cウ　Dイ

解説

1 (1)══線部①は「この幣の…」の会話文の直前にある「楫取りの申して奉る言は」からわかる。②「わたつみの…」の和歌の直前にある「ある女の童の詠める」からわかる。③の主語はよい風が吹き、誇らしげに帆上げしたのは楫取りである。

(2)本文の展開から判断する。神仏に祈る際の幣を使っていることから、行路の安全を祈念(きねん)していることを読み取りたい。ここでは幣を道触りの神に捧(ささ)げている。

(3)「なむ」が未然形に接続している場合は、「～してほしい」という他者への願望を示す終助詞。

(4)「いつしか」は「早く」の意味。「早く都に帰りたい」と思っているため帆を上げてなびく風の音で、期待が高まっている。

(5)強意の係助詞「こそ」を受けて、結びは「けり」の已然形(いぜんけい)「けれ」となっている。

(6)「帆手打ちて」は船の帆が「手を打つ」ように、風を受けてはたはたと音を立てる様を擬人法(ぎじんほう)で表現し、さらに人々の「手打ちて」(喜んで拍手する)と掛詞(かけことば)になっている。

(7)幣が東へ散って、その東に向けて船が進むことを祈っているので、風の方向としてイ「東から西に」は逆である。

(8)それぞれ有名な冒頭文なので覚えておきたい。

現代語訳

1 二十六日。本当であろうか、「海賊が追ってくる」というので、夜中頃(ごろ)から船を出して漕いで来ると途中に供物を差し上げるところがある。船頭に命じて幣を上げさせると、幣が東へ散るので、船頭が申したてまつるその文句は、

「この幣が散る方へ御船を速やかに漕がせて下さい」とお願い申し上げる。

これを聞いて、(乗り合わせた)ある女の子が詠んだ歌は、

　大海の道触りの神にお供えする幣の追い風よ
　やまずに吹いてほしい

と詠んでいる。

こうしている間中、風が好調なので、船頭はとても誇らしげで船に帆を上げるなどして喜ぶ。その物音を聞いて、子供もおばあさんも、早く(帰りたい)と思うからであろうか、とても喜ぶ。この中で淡路の老女という人が詠んだ歌は、

　追い風が吹いたときは、(風を受けて)進む船の帆が鳴るように手をたたくほどうれしい気持ちになることだ

という。

天気のことについて、祈る。

ここに注意

1 (2)「たむけする」は神仏に供え物をするという意味である。「手向け」と書く。

16 和歌・俳句 ①

StepA　解答　本冊▶68・69ページ

1 (1)Aエ　Bオ　Cウ　(2)⑤
(3)②・⑤・⑥(順不同)
(4)松(と)待つ(順不同)
(5)二(句目と)三(句目)(順不同)

2 (1)(季語)月　(季節)秋
(2)(季語)雪解け　(季節)春
(3)(季語)枯れ野　(季節)冬

3 (1)例老いていく(5字)
(2)ウ　(3)エ

解説

1 (3)述語が最後に配置されていないものに着目する。②「からくれなゐに水くくるとは神代もきかず」が通常の語順。⑤「天の香具山(に)夏来たるらし」が通常の語順。⑥「君を見むとは思ひきや」が通常の語順。

(4)峰に生えている「松」とあなたが「待つ」の二つの意味がかけられている。

(5)まず、二句目で切れる。「夢かとぞ思ふ」と言い切り、倒置法を用いて「思ひきや」で反語的に呼びかけているので、三句目でも切れる。

2 (1)「天心」は天の中心。月が空の中心に高くかかっている情景を詠んでいる。画家でもある蕪村の一句。

(2)「雪解け」で春になった喜びを子どもたちの姿で表現している。

(3)旅先で病にふした芭蕉の句である。死を前にしてもなお、旅と風雅を求める心が描かれている。

3 (1)「旧る」は年月を経て古くなっていくという意味の動詞。

(3)Cさんは、辞典で調べ、言葉の意味を推測してほかの二人の疑問に答えている。

○現代語訳○

1 ①堪え難いほどあなたが恋しい時は、寝衣を裏返し着るのです。そうすると恋しい人の夢を見られるそうですから(小野小町)

②神話の時代にも聞いたことのない不思議なことだ。竜田川が川面に浮かぶ紅葉で真紅色に絞り染めにされるとは(在原業平)

③日の光がのどかにさすうららかな春の日に、落ち着いた心もなく桜の花はなぜこうも散り急ぐのだろうか(紀貫之)

④あなたと別れて因幡の国に行ってもそこの稲羽山の峰に生えている松という言葉のように、私のことを待つと(あなたが言っていると)聞けばすぐに帰ってきましょう(中納言行平)

⑤いつの間にか春が過ぎて夏が来たようだよ。白妙の衣を干すという天の香具山に(持統天皇)

⑥(あなたさまがご出家されたことを)忘れてしまい夢ではないかと思うのです。雪を踏み分けてあなたさまにお目にかかろうとは(ご出家なさる前に)思ったことがあったでしょうか(思いもしませんでした)。(在原業平)

2 (1)月が天の中心に高くかかり、美しく澄み切っている。その下の貧しい町の中を、夜ふけて一人、通るのである

(2)長い冬が終わり、雪が解けて、春を待ちわびた子どもたちが村のあちらこちらで遊んでいるよ

(3)旅の途中で病気にかかり明日とも知れない身となった。夢に浮かぶのはさむざむとした枯れ野をめぐり歩く我が身であるよ

3 (和歌の解釈)

桜の花が散るのを誘う嵐が吹く庭には雪のように花びらが降っているが、雪のような花びらではなく、古りゆくのは私自身であるよ

> **ここに注意**
>
> **3** (2)のア「序詞」は、枕詞と同様にある語を導くために詠まれ、歌の調子を整える働きをする。ただし、序詞は字数が一定でなく、作者の独創によって自由に作られる。例題の「風吹けば沖つ白波たつた山……」の歌では、「風吹けば沖つ白波」が「たつ」を導き出すための序詞である。

Step B 解答

本冊▼70・71ページ

1 (1)ウ
(2)エ
(3)①哉
②例月夜に麦をつく宇兵衛の姿から、餅をつく兎の姿を連想したから。
(4)①や　②五月雨・夏

2 (1)ウ
(2)例松の中ほどから下の枝の周りにしらかしがとても茂っている状態。(30字)
(3)イ　(4)エ
(5)b例若返った心地がする(9字)
c待つ
d例常に変わらないこと(9字)

解説

1 (1)「朗」は「朗々」「明朗」など明るいことを意味する。月の明るい夜。

(2)句に「涼しさに麦をつく」とあることから、昼よりも夜が涼しいので作業をしていることを読み取る。「いとひて」は「嫌う」という意味で、現代語でも「厭う」という語がある。

(3)②設問文にある通り、本文は兎が餅をついている絵が添えられた文章である。文中の、麦をつく宇兵衛の姿を、絵の兎の姿に重ね合わせる一句である。

(4)②「五月雨」は梅雨のこと。今の季節感と異なるので注意。

2 (1)本冊14ページ参照。

(2)直前部分をまとめる。しらかしの枝を払うと、松がよく見えるようになったと続いていることか

らも判断できる。
(3)邪魔だった枝を払い、よく見えるようになった松から「ますます目が離せず」とある。松の景色に見とれているわけであるから、**イ**が適切。
(4)邪魔だったしらかしの枝を取り払って、松の姿を見て詠んだ句である。下の句の「若えし心地」という表現からも、若さや新鮮さを連想させる歌だとわかる。松の字を分解すれば「十八公」となるとも言っていることからも、若さが連想される。十八は二十に二「足りない」数である。よって、**エ**が最適。
(5)[b]茂っていたしらかしの枝を取り払って、「十八歳」と連想するように若々しく松が見えているということをおさえる。そこに自身を重ね合わせている歌である。「我も若えし心地こそすれ」の訳を問う問題。[c]「千世まつの木」は「待つ」と「松」が掛詞になっている。[d]松の緑が一年中変わらないことを「常磐」が表している。「常葉」という漢字からも推測できる。

現代語訳

1 出羽の国から陸奥の方へと通った時に山中で日が暮れてしまい、どうにか九十九袋という里にたどり着いて、宿を探し求め(泊まっ)たことがある。夜の間中、ごとごとと物の響く音がしたので、不思議に思って外に出てみると、古寺の広い庭に老いた男が麦をついているのであった。私もあたりを少し歩き回ったが、月が、そびえ立つ峰の影を逆さに映して、風は竹林の無数の竹の間を吹き渡り、月の(美しい)明るい夜は言いようのない素晴らしさだ。この男は昼の暑さを嫌い、このように作業をしているのだろうと(思った)。そのまま近寄り、名は何というのかと尋ねると宇兵衛だと言う。

(夜の)涼しさの中で麦をつく、美しい月にいるうさぎのような卯兵衛であるよ

(4)「五月雨や…」の句の現代語訳

五月雨が降り続き、勢いを増した大河の前にぽつりと家が二軒建っているよ

2 [A]東南に高い松の木があり、他の木よりとりわけすばらしいものである。中程の枝から下の方にはしらかしが密生していて、うっとうしかったので、枝を伐り削いだところ、松の姿がとてもよく見えてますます目も離せず、するべきことも忘れて何度も見返しつつ思うに、漢詩などでは(松のことを)その字に由来して十八歳の人といっていることもあって、なるほどと思われるので、(次の歌を詠んだ)。

二十歳に二年足りない君(松)をみると私も若返った気がするものだ

[B]「生ひそめて…」の歌の現代語訳

生まれたばかりでまだ二葉の苗だけれど、千年もの長い時間を生きる木と思うと頼もしく見えるものだ

「春秋の…」の歌の現代語訳

春の花(桜)も秋の紅葉もその美しい盛りは一時で過ぎてしまうのだから、ずっと変わらぬ松の緑に及ぶ色はない

ここに注意

2 (2)「いぶせかりければ」には接続助詞「ば」が使われている。①活用語の未然形に接続する場合は「〜したら」という仮定条件を、②已然形に接続する場合は「〜なので」という理由・原因や「〜すると」という確定条件を表す。上に付く活用形によって訳し方が異なるので注意。

17 和歌・俳句 ②

本冊▼72・73ページ

Step A 解答

1 (1)水 (2)C
(3)季語…木枯らし 季節…冬
(4)や・けり(順不同)
(5)a 例夕暮れ b 例あてもない

2 (1)イ (2)いうばかり
(3)a 例違い
b 例春の景色を想像する(9字)
(4)イ

3 (1)①ウ・エ・ア・オ・イ
②オ・エ・ウ・イ・ア
③イ・ア・ウ・エ・オ
(2)例消えないでおくれ
(3)石走る・あしびきの(順不同)

解説

1 (1)夕風の吹く頃、浅瀬に立つ青鷺の脛をうつよ

うに、川の水が寄せている光景を詠んだ句。

(2)「比喩」は、朝顔の藍色を深い淵の色にたとえているCで用いられている。

(5)初句の「夕燕」、結句の「あてはなき」を文章にあてはめればよい。

2 (1)「立春」は暦のうえで「春が始まる」という意味。

(3) a 暦の上では春になったというのに、実際はまだ雪景色である。この違いに作者の感動がある。

b 春の訪れを告げる鶯の姿は、見えているわけではない。「らむ」は現在推量の助動詞で「今頃は凍った涙もとけているだろう」と推量しているのである。

(4)季語を見つける。A・Bの和歌で詠まれた季節は「春」。**ア**「たなばた＝秋」、**イ**「雛の市＝春」、**ウ**「小春＝冬」、**エ**「五月雨＝夏」である。

3 (1)各々の季節を表す言葉は次の通りである。

①**ア**蝉＝夏、**イ**白雪＝冬、**ウ**梅の花＝早春、**エ**山吹＝春、**オ**錦＝秋

②**ア**蘆の枯葉＝冬、**イ**蛍＝夏、**ウ**岩つつじ＝春(桜より後)、**エ**花桜＝春、**オ**梅の花＝早春

③**ア**藤の花＝春の後半、**イ**山桜＝春、**ウ**彦星＝(七夕の星なので)秋、**エ**きりぎりす＝秋(七夕より後)、**オ**雪＝冬

(2)「な～そ」は禁止の表現。

(3)「石走る」は「滝」や「垂水」に、「あしびきの」は「山」にかかる枕詞。

○現代語訳○

1 A五月雨が降り続いている闇夜だ。水をたたえた田の一枚一枚が、闇の色を変えて静かに横たわっているなあ　(季語…五月雨・季節…夏)

B川辺に夕風が吹く。浅瀬に立つ鷺の脛を打つように水がひたひたと寄っていく　(季語…青鷺・季節…夏)

C朝に花開く朝顔よ。その中でひときわ濃い藍色をした一輪の花は、まるで深い淵のようであることよ　(季語…朝顔・季節…秋)

D冬の木枯らしにも行き着く果てはあるのだなあ。海鳴りが木枯らしの果てなのだ(季語…木枯らし・季節…冬)

E夕方の空を飛ぶ燕には帰るところがあるというのに、私には明日のあてもないのだ(季語…夕燕・季節…春)

2 A暦の上では春というだけで、雪におおわれているはずの吉野山もかすんで今朝は見えているのだろうか

Bまだ雪が積もっているのに暦の上では春が来たのだなあ。冬の間、凍っている鶯の涙も今頃はとけているだろうか

3 ①**ア** 岩の上をほとばしり落ちる滝の音にもまして鳴く蝉の声を聞くと、都のことが思い出される

イ この季節は桜も紅葉も枝には見えない。だからしばらくは松の枝に積もった雪よ、消えないでおくれ

ウ 梅の花の匂いを道案内人として主人が誰かも知らない家に来てしまったなあ

エ 山吹の花は散ってしまったのだなあ。井手の蛙は今頃鳴いているだろうか(井手…水の流れをせき止め、水をためる場所)

オ 人が住まなくなって荒れた家に来てみましたら、今は木の葉が錦を織るように鮮やかに色づいていたことだよ

②**ア** 津の国の難波の美しい春の風景は夢なのだろうか。葦の枯れ葉に寂しく風が吹き渡っているばかりだ

イ 沢の水に、空にある星が映っているかのように光ってみえるのは、夜中に飛び交う蛍なのだなあ

ウ 今にも沈もうという夕暮れの赤い日の光を浴びて、まるで山のふもとを照らしているかのような岩つつじだなあ

エ 吉野山の峰々に幾重にも重なって立つ白雲の上に、さらに重なるように見える花桜であるなあ

オ 梅の花がこんなにも香る春の闇夜には、匂いを運ぶ風がうれしいことだなあ

③**ア** 訪れる人もいない私の家の藤の花は誰を待つといって松の木に咲きかかっているのだろうか(「まつ」が「松」と「待つ」の掛詞)

イ 山桜が咲いた時はいつもよりも峰にかかる白雲が多く湧いているようにみえることだなあ

ウ この夕方に降ってくる雨は彦星が(織姫と会いたくて)急いで舟を漕ぐ櫂のしずくなのだなあ

エ きりぎりす(こおろぎ)よ、秋も深まって夜ごとに寒さが増すにつれて、弱っていくのか、鳴き声が遠ざかり、小さくなっていくことだなあ

オ 奥山の険しい岩垣の上の紅葉は、すっかり散ってしまい、枯れ葉の上に雪が積もっていることだ

ここに注意

2 (3)「らむ」がA・Bの和歌に共通しているが、この助動詞は、目の前の事態からその原因・理由となる事柄を推量する意を表す。「今ごろは〜ているだろう」と訳す。

Step B 解答

本冊▼74・75ページ

1 (1)童こそ詠みたれ(7字)　(2)エ
(3)び散りき
(4)例(きこりの少年が)うまく隠題の和歌を詠んだこと。(15字)

2 (1)イ　(2)う
(3)例和歌を詠むことは信仰の手引きとなると思った(21字)
(4)Ⅱ例手にすくった水に映っている(13字)
Ⅲ住む
Ⅳ例はかない世の中に住んでいる(13字)

解説

1 (1)——線部①「かかること」は「木こる童」の発言を指している。
(2)「あな、おほけな」という部分から、同行している童部が歌など詠めないと思っていることを読み取る。
(3)隠題は和歌の修辞技法の一つで、題として定めた語をそれとわからないように句に入れて詠むこと。当時は濁点を打つ習慣がなく、清濁は区別しなかったので、「びちりき」で「ひちりき」が詠み込まれていることになる。
(4)隠題の和歌を詠むと言った「木こる童」にまともに取り合わなかった連れの童部だが、「木こる童」が詠んだ歌は意外にも「ひちりき」という題を見事に詠み込んだものだった。

2 (1)恵心僧都は仏教を深く信仰し、学問をすること以外は無駄なことだと思っていたが、「この児」は和歌ばかり詠んでいた。
(3)児が詠んだ歌を聞いたあとに、僧都は「歌は道心のしるべにもなりぬべき」という感想を述べており、これが理由となる。
(4)ⓐ Ⅱ 児が手にすくった水の表面に映った月の姿が揺れる様子がはかないと詠んでいる。ⓑ Ⅲ 月が「澄む」と、この世に「住む」の掛詞が使われている。Ⅳ 手にすくった水に映る月と同様、無常の世にある身のはかなさが詠まれているため、僧都は和歌が仏教の無常観に通じる「道心のしるべ」と感じたのである。

現代語訳

1 今となっては昔のことだが、隠題をたいそうおもしろがりなさる帝(天皇)が、篳篥を(隠題の)題に歌を作らせなさった時に、人々が下手に詠んだというので、あるきこりの少年が、ある日の夜明け前、山へ行く道中で言うのは、「この頃、(帝が)篳篥を題に詠ませなさるというのだが、誰もがうまく詠めなかったそうだ、私(童)こそ詠んでみせよう」と言うので、一緒に(山へ)向かう童が「ああ、身の程知らずだな。そんなこと、言ってくれるな。柄にもなく、図々しい」と言ったところ、「どうして、(よい歌が詠めるかどうかは)詠む人の身分などによるというのか。(必ずしもそうとは言えない)」と言って、

　年ごとに巡り来る春のたびに桜の花は今まで何度散ってしまったのだろうか、誰かに聞いて教えてもらいたいものだ

と詠んだ。柄にもなく、思いがけないものである。

2 恵心僧都は、学問を修めること以外に関心はなく、仏教を深く信仰する者で、詩歌などを無駄なことと嫌いなさった。弟子の児の中にいつも心を澄ませて、和歌を詠んでばかりいる者がいた。「児たちは、学問を修めることこそがあるべき姿なのに、この児は和歌ばかりを好んでいてどうしようもない者だ。あのような者がいると、他の児たちがまねて怠けるので、明日には郷里に帰らせよう。」と、同宿の者に念を入れてお話しになったことを(この児は)知らないで、月が清らかに澄んだもの静かな夜ふけに、縁側に出て、手水を使おうとして歌を詠んだ。

A 手にすくった水に映った月の姿がはかないように、(私も)はかない世の中に住んでいることだよ

　僧都はこれを聞いて、今の世の中のありさまといい、歌の表現といい、心に深く染みて感動したので、歌は信仰の手引きとなるにちがいないものだと(思い)、この児を(寺に)留めて、その後、歌

を詠みなさったということだ。

> **ここに注意**
> **1** (1)「かかる」は「かくある」の音が詰まった形で、「このような」という意味の指示語。文脈を理解するには指示語の内容を把握することが大切である。

Step C ④ 解答

本冊▼76・77ページ

1
(1)①ウ　②イ　④イ
(2)③ア　⑤ア　⑥イ　⑦イ　⑧ア
(3)Ⅰイ　Ⅱオ
(4)病
(5)ⓐ例重病の海恵が起きて走り、ないはずの手紙を取ってきたこと。(28字)
ⓑ例海恵の見た夢の話が現実の出来事とそっくりであったこと。(27字)

解説

1 (1)——線部①「限り」は限界などの意味を持つが、ここでは直前に「病大事にて」とあることから、病状についての言及だと考えられる。②「うつつ」は「現」という漢字をあてる。「現実」、「正気」の意。

(3)Ⅰは「山王よりの御歌」であり、Ⅱはそれに対する海恵の「御返事」である。Ⅰの「たのめ(つつ)」は下二段動詞「たのむ」で、頼りにさせるという意味。海恵の参詣を頼りにさせておいて参らないことへの山王の神の不満が詠まれている。Ⅱの「たのむ」は四段動詞で、「頼りにする、あてにする」という意味。「かけて」は「気にかける」と「たすきをかける」の意味の掛詞であり、神の不満に対して、自分はいつも神のことは気にかけていると詠んでいる。

(5)……線部ⓐは、病人の周りにいた人々がどんなことを不思議に思ったかを考える。ⓑも、周りにいた人が不思議に思ったことであるが、海恵の語った夢の話と、「うつつ」現実に起こったことが一致したので不思議に思えたということを書く。

現代語訳

1 嘉祥寺の海恵という僧都がまだ若くして病気が重くなり、死ぬ間際だった時、寝入っていた海恵が急に目を覚まして「そこにある手紙をどうして取り入れないのだ」と厳しくおっしゃったが、そのような手紙がなかったので、正気でないように思えて、控えている人々は驚き不思議がったところ、海恵は自ら立って走って明かり障子を開けて立文をとって見たので、人々は、実に不思議に思って見ていると、(海恵は)この手紙を広げてみて、少しの間考えて返事を書いておいて、またすぐに寝入ってしまった。

起きるのも寝るのも容易にできなくなっていた人なのに、どうしたことかと(人々は)不思議に思っていると、(海恵は)しばらく寝入って、汗が大量に流れ出て、起き上がり、「不思議な夢をみた」といって語られた。「大きな猿で、藍摺りの水干を着たのが立文を持って来たのを、人がなかなか受け取らなかったので、自分でこれを取ってみたところ、歌が一首あった。

Ⅰ　(あなたが参詣に来るのを)期待させながらやって来ない年月を重ねているのだから、どうやって朽ちない約束を結ぶことができるのか

とあったので、お返事には、

Ⅱ　心をかけて頼りにしています。木綿のたすきを日吉山王社の美しい垣根にかけるように

と書いて差し上げたのである。これは山王社の神からの御歌をいただいたのです」とお語りなったので、控えている人々は、驚き、不思議に思われて、「この話は、まさに今、現実にあったことだ。これがその手紙です。また、お書きになったお返事です」と言ったので(海恵)は精神を統一して、前にある手紙を広げてみたところ、少しも(夢と)違うところがない。

その後、海恵の病気はよくなったということだ。とても不思議なことである。

> **ここに注意**
> **1** (2)主語を捉えるポイントは①登場人物を把握する、②どの人物の動作かを文脈から判断する、③主語が省略されている文では、前の部分にさかのぼって探す。また、接続助詞の「を・に・ば・ど・ども」がある場合は、前後で主語が変わることが多いので注意する。

総合実力テスト

解答　本冊▼78〜80ページ

1　(1)エ　(2)イ　(3)エ　(4)ウ

2　(1)Aウ　Bア　Cイ

(2)例自分より下手な役者の真似などするものかという頑固な心に束縛されているから。(37字)

(3)エ　(4)ウ

(5)例上手な役者は下手な役者の芸から短所と長所を取り込み、自分の芸の肥しにできるから。(40字)

解説

1　(1)**ア**は拝殿の柱ではなく垣根や壁、庭についての描写。**イ**「巫女が泣く」という記述はない。

(2)「うしろめたし」は「心配だ、油断ならない」という意味の形容詞。現れた女と幼子を、妻子と結びつけるような記述はないので**ウ・エ**は不適切。相手を化物だと疑ったのは女ではなく、男。よって**イ**が適切。

(3)男があせって、石でできた五輪の仏塔を斬りつけていたら、刀が折れて化物に殺されていただろうということを最終段落から読み取る。

(4)「思案して五輪を斬らざる」ことを作者は最後に評価しているので、落ち着いた行動を是(正しいこと)とする意味の**ウ**が正解。

2　(1)A「一切の事に」で、あらゆることにおいてということ。B技能と工夫を極めた役者は、万に一人もいないということ。C芸を極める第一の方法は、下手な役者の良いところを真似することだということ。

(2)第三段落に「われより下手をば似すまじき」という頑固な考えを持つなら、それは「窮めぬ心なるべし」とある。上手な役者でも下手な者から学ぶことはないと考える限り、自己の欠点にも気付けず、芸を極めることはできないということを捉える。

(3)「などか〜せざらん」は、「か」が係助詞で反語表現となり「どうしてどのような芸でもできないことがあろう、いや、できるはず」という意味になる。

(4)――線部③の文とその直前の三文に着目する。上手な役者にも短所があり、下手な役者にも長所があるが、それを見つける人がおらず役者本人も気付いていないということが述べられている。

(5)少しあとに「人のわろきところを見るだにも、わが手本なり」とある。上手な者が下手な者の良い所をとり入れて、自分の芸の一つに入れることは、「無上至極」つまり、この上なく良いことと書かれているので、これらをまとめる。

○現代語訳○

1　若い侍が道を行くと、人里離れた所で日が暮れた。「どうしよう」と辺りを駆け回ると、木々の生い茂った所に古い社がある。すぐに拝殿に上り、柱にもたれて「ここで夜を明かそう」と思うのだが、社の周囲の朱色の垣根は年月を経た苔にうもれ、幣帛は風に飛ばされ、野草に絡んでぼろぼろになっている。巫女の袖で鳴る鈴の音も絶え、祝詞を捧げている様子もない。露で濡れた草むらで鳴く虫は、榊を揺らす風に呼応して鳴き、壁にかかった蜘蛛の巣は、庭の葛のつると競うようにおびただしい。荒れたままの様子は一層、秋らしくてわびしいものであった。

次第に夜もふけていき、四更(午前二時)になろうかという頃に、十九か二十歳くらいの女性が幼子を抱いて、突然現れた。「(中略)どう考えても化物に違いない」と油断せず用心しておりますと、女はほほえんで、抱いている子に「あそこにいるのは父上でいらっしゃるよ。行って抱いてもらいなさい」と言って(子を男の方に)突き出した。

その子がするすると近寄って来るので、刀に手をかけてぐっと睨むと、そのまま戻って母にすがりつく。「大丈夫だよ、行きなさい」と言って(また)子を突き出す。再び睨みつけるとまた戻って行く。こうすることが四、五回あって、しびれを切らしたのか。「まあ。それなら私が参りましょう」と言って、この女房が会釈もせず近づいてくるのを、気後れすることなく刀を抜くや否やばしっと斬ると「あっ」と言って(女は)壁を伝って天井に上がっていく。

明けていく東の空が白くなってきたので、(男は)壁に荒縄をかけ、柱と柱の間の横木から横木へとつたって天井を見ると、爪先の長さが二尺(約60センチメートル)ほどの蜘蛛が頭から背中まで斬りつけられて死んでいた。天井までところせましと人間の死骸。ああ、これらは誰の亡骸なのだろうか。また、幼子に見えていたのは五輪の仏塔の古びたものであった。察するに、化物だと思って焦り、もし五輪の仏塔を斬っていたなら、いかなる名剣であっても、折れてしまうか、あるいは刃がこぼれてしまうかしただろう。(蜘蛛は)その時を待って人間をとり殺していたのだろうか、巧みな罠を仕掛けたことだ。この侍も焦って行動したならば、不本意な失敗をしてしまっただろう。思いをめぐらせて、仏塔を斬らなかったのは、なんとも幸運な人だったことよ。

2 回答。全てのことに、人それぞれの得意芸として、生まれつき持っているものがあるものだ。地位は優れているとしても、これにはかなわないことがある。しかしこれもただ、ある程度の上手な役者についての見解である。本当に技能と工夫を極めているような上手な役者なら、どのような芸でもできないはずはない。であれば、技能と工夫を極めた役者が、万人に一人もいないのは、工夫せず慢心があるがゆえである。

　そもそも上手な者にもよくないところはあり、下手な者にもよいところが必ずあるものだ。これを見極める人がいない。本人にもわからない。上手な役者は名声に頼り、芸のうまさに隠され、短所に気づかない。下手な役者は、もともと工夫しないので短所も知らないし、長所がたまにあったとしても分かっていない。だから、上手な者も下手な者も互いに人に聞くべきである。しかしながら、技能と工夫を極めた人はこのことは知っているに違いない。

　どんなに下手な役者でも、良いところがあるとわかれば、上手な役者もこれを真似るがよい。これが(上達の)第一の方法なのだ。もし良いところを見つけたとしても、自分より下手な者を真似るまいと思う頑固な心があるなら、その心に束縛されて、自分の短所にもきっと気づかないだろう。すなわちこれが、極めない心である。(中略)

　だから上手な役者であるとしても、慢心があれば技能は衰えるに違いない。まして下手な役者の慢心は言うまでもない。十分に思案すべきだ。上手な役者は下手な役者の手本、下手な役者は上手な役者の手本であると考えて、工夫すべきだ。下手な役者の長所を採り入れて、上手な役者が自分の芸の数の一つにすることはこの上ない大切な道理である。人の短所を見ることさえも、自分の手本となる。まして長所を見ることは言うまでもない。「稽古は厳しく、頑固にはなるな」とはこういうことである。

ここに注意

2 (5)文中で、「下手」と「上手」についてどのように述べられているかを正しく読み取る。